AF545561

NEUE PLÄTZCHEN VON A–Z

DIE DR. OETKER GELING-GARANTIE

UNSER VERSPRECHEN

Liebe Leser*innen,

mit den Rezepten in unseren Koch- und Backbüchern möchten wir Sie und Ihre Lieben glücklich machen. Zum Glück braucht es den Erfolg, und den kaufen Sie mit jedem Dr. Oetker Buch gleich mit.

Dafür gibt es die *Dr. Oetker Geling-Garantie*. Sie ist unser Versprechen, dass alle Rezepte aus diesem Buch ganz einfach und sicher gelingen. Die Geling-Garantie startet schon bei der Zutatenliste: alle Zutaten, die wir verwenden, sollten Sie leicht in Ihrem Supermarkt vor Ort einkaufen können. Jeder Zubereitungs-Schritt ist klar und einfach nachvollziehbar.

Eine Garantie können wir Ihnen aber auch deshalb mit gutem Gewissen geben, weil alle Rezepte dieses Buches von unserem erfahrenen Team entwickelt wurden. Anschließend haben wir jedes Gericht in einer ganz normalen Küche nachgekocht oder nachgebacken. Immer wieder. So lange, bis wir uns sicher waren, dass es gelingt. Und zwar auch bei Ihnen zuhause.

Was wir versprechen, halten wir auch. Sollte beim Kochen oder Backen eines unserer Rezepte dennoch etwas danebengehen oder es Ihnen einfach nicht schmecken, dann lassen Sie es uns wissen. Schreiben Sie oder rufen Sie uns an! Wir werden das Rezept nochmals kritisch prüfen und Ihnen helfen herauszufinden, woran es gelegen haben könnte. Sie erreichen uns unter der Telefonnummer: +49(0)89-5482515-0
Oder schreiben Sie uns eine E-Mail unter: redaktion-oetker@edel.com

Natürlich freuen wir uns aber auch über weitere Rückmeldungen und auch über Lob. Ihre Ideen, Kommentare und Fragen können Sie jederzeit auch über Facebook posten: www.facebook.com/Dr.OetkerVerlag.
Wir sind für Sie da. Garantiert.

Mit herzlichen Grüßen
Ihre Dr. Oetker Redaktion

ALLGEMEINE HINWEISE ZU DEN REZEPTEN

UNSER TIPP

Lesen Sie vor der Zubereitung – besser noch vor dem Einkauf – das Rezept einfach einmal vollständig durch. Aus dem Zusammenhang werden die Zubereitungs-Schritte deutlicher und verständlicher.

ZUTATENLISTE

Die Zutaten sind in der Reihenfolge ihrer Verarbeitung aufgeführt. Wird Butter aufgeführt, sollte keine „streichzarte" Butter verwendet werden. Bei Pudding-Pulver ist stets das zum Kochen gemeint.

ARBEITSSCHRITTE

Die Arbeitsschritte sind einzeln hervorgehoben, in der Reihenfolge, in der sie von uns ausprobiert wurden.

ZUBEREITUNGSZEITEN

Die Zubereitungszeit ist ein Anhaltswert für die Dauer der Vorbereitung und die eigentliche Zubereitung. Längere Wartezeiten wie Kühl- oder Abkühlzeiten, Auftau- und Durchziehzeiten sind, sofern parallel keine weitere Tätigkeit erfolgt, nicht in der Zubereitungszeit enthalten. Die Backzeiten werden gesondert ausgewiesen.

BACKOFENEINSTELLUNG UND BACKZEITEN

Die in den Rezepten angegebenen Backtemperaturen und Backzeiten sind Richtwerte, die je nach individueller Hitzeleistung Ihres Backofens über- oder unterschritten werden können. Die Temperaturangaben in diesem Buch beziehen sich auf Elektrobacköfen. Die Temperatur-Einstellungsmöglichkeiten für Gasbacköfen variieren je nach Hersteller, sodass wir keine allgemeingültigen Angaben machen können. Bitte beachten Sie deshalb bei der Einstellung des Backofens die Gebrauchsanleitung des Herstellers. Ein Backofen-Thermometer eignet sich dabei gut, um die Backofentemperatur im Blick zu haben.

EINSCHUBHÖHE

In den Rezepten in diesem Buch ist die Einschubhöhe immer dann die Mitte des Backofens, wenn nichts anderes angegeben ist.

HINWEISE ZU DEN NÄHRWERTEN

Bei den Nährwertangaben in den Rezepten handelt es sich um auf- bzw. abgerundete ganze Werte. Aufgrund von ständigen Rohstoffschwankungen und/ oder Rezepturveränderungen bei Lebensmitteln kann es zu Abweichungen kommen. Die Nährwertangaben dienen daher lediglich Ihrer Orientierung und eignen sich nur bedingt für die Berechnung eines Diätplans, zum Beispiel bei Krankheiten wie Diabetes. Bei krankheitsbedingten Diäten richten Sie sich daher bitte nach den Anweisungen Ihres Diätassistenten bzw. Ihres Arztes.

ABKÜRZUNGEN UND SYMBOLE

EL	Esslöffel
TL	Teelöffel
Msp.	Messerspitze
Pck.	Packung/Päckchen
g	Gramm
kg	Kilogramm
ml	Milliliter
l	Liter
evtl.	eventuell
geh.	gehäuft
gestr.	gestrichen
gem.	gemahlen
ger.	gerieben
TK	Tiefkühlprodukt
°C	Grad Celsius
Ø	Durchmesser
Kalorien-/Nährwertangaben	
E	Eiweiß
F	Fett
Kh	Kohlenhydrate
kcal	Kilokalorie
Symbole	
◷	Zubereitungs-/Garzeit
✚	glutenfrei/ohne Backen/vegan
▲	Mit Alkohol

ANISLAIBERL

◔ Zubereitungszeit: 40 Minuten, ohne Abkühlzeit
Trockenzeit: 3–4 Stunden
Backzeit: 12–14 Minuten je Backblech
Haltbarkeit: 2–3 Wochen
▲ mit Alkohol

ZUTATEN FÜR 60 STÜCK

FÜR DEN TEIG:

10 g Anissamen
2 Eiweiß (Größe M)
150 g Zucker
2 Eigelb (Größe M)
150 g Weizenmehl

FÜR DIE FÜLLUNG:

120 g Zartbitter-Kuvertüre
100 g Schlagsahne
20 ml Pernod oder Anissirup

ZUSÄTZLICH:

Spritzbeutel mit Lochtülle (Ø etwa 1–1 ½ cm)

PRO STÜCK:

E: 1 g, F: 1 g, Kh: 5 g, kcal: 395

1. Für den Teig den Anissamen grob hacken und beiseitestellen. Eiweiß in einer Rührschüssel mit einem Mixer (Rührstäbe) auf höchster Stufe steif schlagen. Der Schnee muss so fest sein, dass ein Messerschnitt sichtbar bleibt. Nach und nach Zucker unterschlagen und so lange schlagen, bis der Eischnee stark glänzt.

2. Eigelb hinzugeben, kurz unterschlagen. Zuletzt Mehl und Anis mit einem Teigschaber vorsichtig unterheben.

3. Den Teig in den Spritzbeutel füllen, dann mit etwas Abstand in flachen Tupfen (Ø etwa 3 cm)

auf Backbleche (gefettet, mit Backpapier belegt) spritzen. Die Anislaiberl anschließend **3–4 Stunden bei Zimmertemperatur trocknen** lassen.

4. Den Backofen vorheizen.
Ober-/Unterhitze: etwa 160 °C
Heißluft: etwa 140 °C

5. Die Backbleche nacheinander (bei Heißluft zusammen) in den vorgeheizten Backofen schieben. Die Anislaiberl **12–14 Minuten je Backblech backen**. Anschließend mit dem Backpapier auf Kuchenroste ziehen und erkalten lassen.

6. Für die Füllung in der Zwischenzeit die Kuvertüre in kleine Stücke hacken. Die Sahne in einen Topf geben und aufkochen. Den Topf von der Kochstelle nehmen und die Kuvertüre darin unter Rühren schmelzen.

7. Die Kuvertüre-Sahne-Masse in einen hohen Rührbecher füllen. Den Pernod oder Anissirup hinzufügen. Die Zutaten mit einem Pürierstab aufschlagen und die Kuvertüre-Sahne abkühlen lassen.

8. Die Kuvertüre-Sahne in einen Gefrierbeutel füllen. Den Beutel fest verschließen und eine etwa ½ cm große Ecke abschneiden. Die Hälfte der Anislaiberl auf der Rückseite mit jeweils einem Tupfen Füllung bespritzen, mit den restlichen Laiberln belegen und leicht andrücken. Die Anislaiberl vor dem Verzehr mindestens 8 Stunden duchziehen lassen.

APFEL-KROKANT-WHOOPIES

Zubereitungszeit: 40 Minuten, ohne Abkühlzeit
Backzeit: etwa 10 Minuten je Backblech

ZUTATEN FÜR 10 STÜCK

ZUM VORBEREITEN:

1–2 Äpfel (etwa 300 g)
80 g Extra Gelierzucker (2:1)
3 TL Zitronensaft

FÜR DEN TEIG:

120 g Butter (zimmerwarm)
80 g Zucker
1 Prise Salz
2 Eier (Größe M)
120 g Weizenmehl
3 gestr. TL Backpulver
1 Pck. Vanille-Pudding-Pulver
80 g Haselnuss-Krokant
3 EL Milch

FÜR DIE FÜLLUNG:

200 g Mascarpone (ital. Frischkäse)

ZUSÄTZLICH:

Spritzbeutel mit Lochtülle (Ø 1 ½ cm)

PRO STÜCK:

E: 4 g, F: 20 g, Kh: 38 g, kcal: 353

1. Zum Vorbereiten die Äpfel schälen, vierteln und entkernen. Apfelviertel in etwa 7 mm große Würfel schneiden. Würfel mit dem Gelierzucker und dem Zitronensaft in einem Topf sorgfältig vermischen. Die Zutaten zum Kochen bringen und unter Rühren etwa 5 Minuten kochen lassen. Die Apfelmasse in eine Schüssel geben und vollständig erkalten lassen.

2. Den Backofen vorheizen.
Ober-/Unterhitze: etwa 200 °C
Heißluft: etwa 180 °C

3. Für den Teig die sehr weiche Butter sowie Zucker und Salz mit einem Mixer (Rührstäbe) zunächst kurz auf niedrigster, dann auf höchster Stufe in etwa 4 Minuten schaumig schlagen. Die Eier nach und nach unterrühren (jedes Ei etwa ½ Minute).

4. Mehl mit Backpulver, Pudding-Pulver sowie 60 g von dem Krokant gut vermischen. Die Mehlmischung unter die Buttermasse heben. Milch unterrühren. Den Teig in den Spritzbeutel geben. 20 kleine Teighäufchen auf 2 Backbleche (gefettet, mit Backpapier belegt) spritzen. Dabei genügend Abstand lassen. Teighäufchen mit einem Messer zu Kreisen (Ø je etwa 5 cm) sorgfältig verstreichen, mit dem restlichen Krokant bestreuen.

5. Die Whoopies nacheinander (bei Heißluft zusammen) im vorgeheizten Backofen **etwa 10 Minuten je Backblech backen.** Anschließend mit dem Backpapier von den Backblechen auf Kuchenroste ziehen und erkalten lassen.

6. Für die Füllung Mascarpone kurz glatt rühren. Die vorbereitete Apfelmasse unterheben. Die Apfel-Mascarpone-Creme mit einem Teigschaber so lange rühren, bis sie anfängt dicklich zu werden. Die Apfelfüllung mit einem Löffel auf der glatten Seite von 10 Whoopies verteilen. Die restlichen Whoopies daraufsetzen und leicht andrücken. Die Whoopies zugedeckt etwa 30 Minuten in den Kühlschrank stellen.

APFEL-MACARONS

◷ Zubereitungszeit: 60 Minuten, ohne Abkühlzeit
Backzeit: etwa 27 Minuten
+ glutenfrei

ZUTATEN FÜR 18 STÜCK

FÜR DIE MANDEL-BAISER-MASSE:

120 g abgezogene, gem. Mandeln
2 Eiweiß (Größe M)
1 Prise Salz
160 g gesiebter Puderzucker
etwas Speisefarbenpulver (grün)

FÜR DIE FÜLLUNG:

100 g Butter (zimmerwarm)
2 EL Puderzucker
100 g Apfelmark (aus dem Glas)

ZUM GARNIEREN:

100 g Marzipan-Rohmasse
etwas Speisefarbenpulver oder -paste (rot und grün)
1–2 gestr. TL gesiebtes Kakaopulver
etwas Puderzucker zum Ausrollen

ZUSÄTZLICH:

Spritzbeutel mit Lochtülle (Ø 1–1 ½ cm)
Kleiner Herzausstecher

PRO STÜCK:

E: 3 g, F: 10 g, Kh: 14 g, kcal: 161

1. Den Backofen vorheizen.
Heißluft: etwa 70 °C
Ober-/Unterhitze ist nicht empfehlenswert.

2. Für die Mandel-Baiser-Masse die Mandeln in einem Blitzhacker noch etwas feiner mahlen. Eiweiß und Salz mit dem Mixer (Rührstäbe) auf höchster Stufe so steif schlagen, dass ein Messerschnitt sichtbar bleibt. Nach und nach den Puderzucker unterschlagen und so lange schlagen, bis der Eischnee stark glänzt. So viel Speisefarbe zugeben, bis die gewünschte Farbintensität erreicht ist. Die gemahlenen Mandeln mit einem Teigschaber vorsichtig unterheben.

3. Die Mandel-Baiser-Masse in den Spritzbeutel füllen. Tupfen (etwa 4 ½ cm) mit genügend Abstand auf Backbleche (gefettet, mit Backpapier belegt und dünn mit Butter bestrichen) spritzen. Die Backbleche zusammen in den vorgeheizten Backofen schieben. Die Macarons zunächst **12 Minuten trocknen.**

4. Anschließend die Backofentemperatur **auf etwa 120 °C** erhöhen. Die Macarons **weitere etwa 15 Minuten backen**. Die Backbleche auf Kuchenroste stellen. Die Macarons erkalten lassen.

5. Für die Füllung die sehr weiche Butter und den Puderzucker mit dem Mixer (Rührstäbe) auf höchster Stufe 3–4 Minuten schaumig schlagen. Apfelmark löffelweise unterrühren. Die Creme in den Gefrierbeutel füllen, eine kleine Ecke abschneiden. Die Hälfte der Macarons auf der Unterseite mit der Füllung bespritzen. Restliche Macarons daraufsetzen und leicht andrücken.

6. Zum Garnieren die Hälfte des Marzipans mit Kakao verkneten. Die andere Portion nochmals halbieren und einen Teil rot, den anderen grün einfärben. Aus dem braunen Marzipan Stiele und Würmer modellieren, aus dem grünen Blätter formen. Rotes Marzipan auf der leicht mit Puderzucker bestäubten Arbeitsfläche ausrollen und kleine Herzen ausstechen. Die Macarons mit dem Marzipan als Äpfelchen garnieren.

APPLE COOKIES

Zubereitungszeit: 40 Minuten, ohne Abkühlzeit
Backzeit: etwa 15 Minuten
Haltbarkeit: etwa 5 Tage

ZUTATEN FÜR 8–9 GROSSE COOKIES

ZUM VORBEREITEN:

1 halber Apfel (etwa 100 g)
2 EL Zitronensaft

FÜR DEN TEIG:

75 g Butter (zimmerwarm)
80 g brauner Zucker
1 Prise Salz
1 Ei (Größe M)
80 g Weizenmehl
1 Msp. Natron
2 EL kernige Haferflocken
50 g geröstete, gestiftelte Mandeln
25 g getrocknete Cranberrys

PRO STÜCK:

E: 4 g, F: 11 g, Kh: 22 g, kcal: 206

1. Zum Vorbereiten die Apfelhälfte schälen, halbieren, entkernen und in etwa ½ cm breite Stifte schneiden, mit Zitronensaft beträufeln.

2. Den Backofen vorheizen.
Ober-/Unterhitze: etwa 200 °C
Heißluft: etwa 180 °C

3. Für den Teig Butter mit Zucker und Salz in einer Rührschüssel mit einem Mixer (Rührstäbe) zunächst kurz auf niedrigster, dann auf höchster Stufe schaumig schlagen. Das Ei etwa 1 Minute unterschlagen.

4. Mehl mit Natron, Haferflocken, Mandeln, Cranberrys und Apfelstiften mischen und unter die Butter-Ei-Masse heben.

5. Den Teig mit 2 Esslöffeln oder einem Eisportionierer in gleich großen, runden Häufchen auf ein Backblech (gefettet, mit Backpapier belegt) setzen, dabei genügend Abstand lassen. Die Teighäufchen mit einem in Wasser getauchten Löffel zu flachen Cookies verstreichen. Das Backblech in den vorgeheizten Backofen schieben. Die Apple Cookies **etwa 15 Minuten backen.**

6. Die Apple Cookies mit dem Backpapier von dem Backblech auf einen Kuchenrost ziehen und erkalten lassen.

APRIKOSENECKEN

Zubereitungszeit: 30 Minuten, ohne Abkühlzeit
Backzeit: etwa 15 Minuten
Haltbarkeit: etwa 2 Wochen
in gut schließenden Dosen

ZUTATEN FÜR 48 STÜCK

ZUM VORBEREITEN:

200 ml Agavendicksaft
100 g Zucker
150 Butter oder Margarine (zimmerwarm)
200 g getrocknete Aprikosen (ungeschwefelt)
150 g Schlagsahne

FÜR DEN TEIG:

2 Eier (Größe M)
100 g Vollkorn-Weizenmehl
200 g Weizenmehl (Type 550)
1 ½ gestr. TL Natron

60 g bunte Zuckerstreusel
1–2 TL Anissamen

PRO STÜCK:

E: 1 g, F: 4 g, Kh: 13 g, kcal: 97

1. Zum Vorbereiten Agavendicksaft mit Zucker und Butter oder Margarine in einem Topf unter Rühren langsam zerlassen und so lange bei schwacher Hitze warm halten, bis sich der Zucker aufgelöst hat. Anschließend die Masse in eine Rührschüssel geben und erkalten lassen, dabei gelegentlich umrühren.

2. In der Zwischenzeit die Aprikosen fein hacken. Sahne und die Aprikosenstückchen in einem Topf zum Kochen bringen und zugedeckt etwa 15 Minuten bei schwacher Hitze warm halten, bis die Sahne von den Aprikosenstückchen aufgesogen ist. Dann die Aprikosenmasse pürieren und erkalten lassen.

3. Den Backofen vorheizen.
Ober-/Unterhitze: etwa 180 °C
Heißluft: etwa 160 °C

4. Für den Teig die Eier zur erkalteten Fett-Zucker-Masse in die Rührschüssel geben und mit dem Mixer (Rührstäbe) auf höchster Stufe glatt rühren. Aprikosenpüree unterrühren. Beide Mehlsorten mit Natron mischen und unter die Püreemasse rühren.

5. Den Teig auf ein Backblech (30 x 40 cm, gefettet) geben und mit der Teigkarte glatt streichen. Die Zuckerstreusel mit Anis mischen und gleichmäßig auf den Teig streuen.

6. Das Backblech in den vorgeheizten Backofen schieben. Das Gebäck **etwa 15 Minuten backen.**

7. Das Backblech auf einen Kuchenrost stellen. Das Gebäck erkalten lassen. Anschließend zuerst in etwa 10 cm große Quadrate schneiden, dann die Quadrate diagonal vierteln.

APRIKOSEN-NUSS-SANDWICHES

- Zubereitungszeit: 90 Minuten, ohne Kühl- und Abkühlzeit
Backzeit: etwa 32 Minuten
Haltbarkeit: kühl gestellt etwa 2 Wochen in gut schließenden Dosen

ZUTATEN FÜR ETWA 28 STÜCK

ZUM VORBEREITEN:

100 g Walnusskerne
100 g Haselnusskerne

FÜR DEN KNETTEIG:

220 g Weizenmehl
1 gestr. TL Backpulver
1 Msp. gem. Zimt
1 Prise Salz
100 g Zucker
30 g Butter oder Margarine
2 Eier (Größe M)
2 EL kaltes Wasser

FÜR DIE FÜLLUNG:

14 getrocknete Aprikosen (ohne Stein, etwa 130 g)
25 g gehackte Pistazienkerne
100 g Marzipan-Rohmasse
20 g Puderzucker
120 g Himbeerkonfitüre

PRO STÜCK:

E: 3 g, F: 8 g, Kh: 18 g, kcal: 156

1. Zum Vorbereiten Nusskerne grob hacken. Für den Knetteig Mehl mit Backpulver, Zimt, Salz und Zucker in einer Rührschüssel mischen. Butter oder Margarine in kleine Stücke schneiden, zusammen mit Eiern, kalten Wasser und gehackten Nusskernen in die Rührschüssel geben.

2. Die Zutaten mit einem Mixer (Knethaken) zunächst kurz auf niedrigster, dann auf höchster Stufe gut durcharbeiten. Anschließend auf der leicht bemehlten Arbeitsfläche kurz zu einem Teig verkneten. Aus dem Teig auf der leicht bemehlten Arbeitsfläche 2 etwa 30 cm lange Rollen formen. Die Rollen in Frischhaltefolie gewickelt mindestens 1 Stunde in den Kühlschrank legen.

3. Den Backofen vorheizen.
Ober-/Unterhitze: etwa 180 °C
Heißluft: etwa 160 °C

4. Die Teigrollen auf ein Backblech (mit Backpapier belegt) legen und im vorgeheizten Backofen etwa 20 Minuten vorbacken. Die Rollen mit dem Backpapier auf einen Kuchenrost ziehen und erkalten lassen.

5. Die Rollen mit einem Sägemesser schräg in knapp 1 cm dicke Scheiben schneiden. Die Scheiben auf 2 Backbleche (mit Backpapier belegt) legen. Die Backbleche nacheinander (bei Heißluft zusammen) bei gleicher Backofeneinstellung in den vorgeheizten Backofen schieben. Die Scheiben etwa 12 Minuten je Backblech backen. Anschließend die Gebäckscheiben mit dem Backpapier auf Kuchenroste ziehen und erkalten lassen.

6. Für die Füllung die Aprikosen waagerecht halbieren. Die Pistazienkerne sehr fein hacken und mit der Marzipan-Rohmasse und dem Puderzucker verkneten. Die Marzipanmasse zu einer Rolle (etwa 15 cm lang) formen und in 28 Scheiben schneiden.

7. Für die Sandwiches die Marzipanscheiben auf einer mit Puderzucker bestäubten Arbeitsfläche in der Größe der Gebäckscheiben flach drücken.

Auf 28 Gebäckscheiben je eine Marzipanscheibe und eine halbe Aprikose (Schnittfläche nach unten) legen und leicht andrücken.

8. Die Konfitüre glatt rühren, durch ein Sieb streichen, kurz aufkochen und in einen Gefrierbeutel füllen. Eine Ecke des Beutels abschneiden. Die Konfitüre auf die Aprikosenhälften träufeln und jeweils mit einer Gebäckscheibe belegen. Die Sandwiches leicht zusammendrücken, Konfitüre erkalten lassen.

AUSSTECHKEKSE MIT PRICKELGUSS

Zubereitungszeit: 30 Minuten, ohne Abkühlzeit
Backzeit: etwa 12 Minuten je Backblech
Haltbarkeit: etwa 2 Wochen
in gut schließenden Dosen

ZUTATEN FÜR ETWA 45 STÜCK

FÜR DEN KNETTEIG:

150 g Weizenmehl
1 Msp. Backpulver
50 g Zucker
1 Pck. Vanillin-Zucker
100 g Butter oder Margarine

FÜR DEN GUSS:

100 g gesiebter Puderzucker
2 Pck. Brausepulver, z. B. Himbeer-, Orangen- oder Waldmeistergeschmack (für je 0,2 l Wasser)
1 ½–2 EL Zitronensaft
evtl. Lebensmittelfarbe

ZUSÄTZLICH:

Motiv-Ausstecher (Ø etwa 5 cm)

PRO STÜCK:

E 1 g, F: 2 g, Kh: 6 g kcal: 42

1. Den Backofen vorheizen.
Ober-/Unterhitze: etwa 180 °C
Heißluft: etwa 160 °C

2. Für den Teig Mehl mit Backpulver in einer Rührschüssel mischen. Zucker, Vanillin-Zucker und Butter oder Margarine hinzufügen und mit Mixer (Knethaken) zunächst kurz auf niedrigster, dann auf höchster Stufe gut durcharbeiten. Anschließend den Teig auf der leicht bemehlten Arbeitsfläche kurz verkneten. Sollte er kleben, den Teig in Frischhaltefolie gewickelt eine Zeit lang in den Kühlschrank legen.

3. Den Teig auf der leicht bemehlten Arbeitsfläche etwa ½ cm dick ausrollen. Verschiedene Motive ausstechen und auf Backbleche (mit Backpapier belegt) legen. Die Teigreste wieder zusammenkneten, erneut ausrollen und weitere Motive ausstechen – so oft, bis der Teig aufgebraucht ist.

4. Die Bleche nacheinander (bei Heißluft zusammen) in den vorgeheizten Backofen schieben. Die Kekse **etwa 12 Minuten je Backblech backen.**

5. Die Kekse mit dem Backpapier von den Blechen auf Kuchenroste ziehen und erkalten lassen.

6. Für den Guss Puderzucker mit Brausepulver, Zitronensaft und evtl. Lebensmittelfarbe verrühren und „ausprickeln“ lassen. Den Guss in einen kleinen Gefrierbeutel füllen, den Beutel verschließen und eine kleine Ecke abschneiden.

7. Etwas Guss auf die Kekse spritzen und mit einem Pinsel dünn verstreichen oder den Guss als Kontur auf die Kekse spritzen. Den Guss trocknen lassen.

TIPPS:

Für einen extra Prickeleffekt streuen Sie zusätzlich etwas Brausepulver auf den noch feuchten Guss. Je nach Geschmack kann man auch einen anderen Zucker- oder Schokoladenguss verwenden.

BANANENPÄCKCHEN

Zubereitungszeit: 90 Minuten, ohne Abkühlzeit
Backzeit: etwa 10 Minuten je Backblech
Haltbarkeit: kühl gestellt etwa 1 Woche in gut schließenden Dosen

ZUTATEN FÜR ETWA 20 STÜCK

ZUM VORBEREITEN:

1 reife Banane (120 g)
1 TL Zitronensaft

FÜR DEN BISKUITTEIG:

2 Eier (Größe M)
80 g Zucker, 1 Prise Salz
60 g Weizenmehl
40 g Kartoffelmehl (Kartoffelstärke)

FÜR DIE 1. FÜLLUNG:

80 g Vollmilch-Kuvertüre
10 g Kokosfett
70 g Geleebananen mit Schokohülle

FÜR DIE 2. FÜLLUNG:

100 g rotes Johannisbeergelee

ZUSÄTZLICH:

Spritzbeutel mit Lochtülle (Ø 8 mm)
etwa 15 g Zuckerperlen

PRO STÜCK:

E: 1 g, F: 3 g, Kh: 18 g, kcal: 99

1. Zum Vorbereiten die Banane schälen, in Stücke brechen, mit Zitronensaft in einem Rührbecher pürieren.

2. Den Backofen vorheizen.
Ober-/Unterhitze: etwa 180 °C
Heißluft: etwa 160 °C

3. Für den Biskuitteig die Eier in einer Rührschüssel mit einem Mixer (Rührstäbe) auf höchster Stufe in 1 Minute schaumig schlagen. Zucker und Salz in 1 Minute einstreuen und noch etwa 2 Minuten schlagen. Bananenpüree kurz unterrühren.

4. Mehl und Kartoffelmehl mischen, auf die Eiercreme geben und kurz auf niedrigster Stufe unterrühren. Den Teig in den Spritzbeutel füllen.

5. Für jeden Keksstreifen jeweils 3 schmale Streifen Teig (6 cm lang) dicht nebeneinander auf 2–3 Backbleche (mit Backpapier belegt) spritzen. Insgesamt sollen 60 Kekse aufgespritzt werden.

6. Die Backbleche nacheinander (bei Heißluft zusammen) in den vorgeheizten Backofen schieben. Die Biskuit-Streifen **etwa 10 Minuten je Backblech backen.**

7. Die Gebäckstreifen mit dem Backpapier auf Kuchenroste ziehen und erkalten lassen.

8. Für die erste Füllung die Kuvertüre in kleine Stücke hacken und mit dem Kokosfett in einem Topf im Wasserbad bei schwacher Hitze schmelzen. Die Kuvertüre etwas abkühlen lassen, bis sie zäh fließend ist. Die Geleebananen fein hacken, unter die abgekühlte Kuvertüre rühren und kurz mit einem Pürierstab pürieren.

9. Die Masse in einen Gefrierbeutel füllen und eine Ecke abschneiden. Die Masse auf die Oberseite von 20 Biskuit-Keksstreifen spritzen. Jeweils einen der restlichen Biskuitstreifen darauflegen und leicht andrücken.

10. Für die zweite Füllung das Johannisbeergelee unter Rühren kräftig aufkochen. Den Topf von der Kochstelle nehmen und das Gelee unter Rühren abkühlen lassen, bis es etwas fester ist. Das Gelee in einen Gefrierbeutel füllen und eine kleine Ecke abschneiden.

11. Zum Garnieren auf die Enden der restlichen 20 Biskuitstreifen jeweils quer einen dünnen Streifen Gelee spritzen und mit den Zuckerperlen bestreuen. Die Zuckerperlen leicht andrücken.

12. Das restliche Johannisbeergelee auf die gestapelten Biskuitstreifen spritzen. Die garnierten Keksstreifen darauflegen und leicht andrücken. Die Füllungen fest werden lassen.

BANOFFEE-PLÄTZCHEN

Zubereitungszeit: 60 Minuten, ohne Kühl- und Abkühlzeit
Backzeit: etwa 17 Minuten je Backblech

ZUTATEN FÜR 25 STÜCK

FÜR DEN KNETTEIG:

250 g Weizenmehl
15 g gesiebtes Kakaopulver
1 gestr. TL Backpulver
½ TL abger. Schale von 1 Bio-Zitrone (unbehandelt, ungewachst)
60 g Zucker, 1 Pck. Bourbon-Vanille-Zucker
2 EL Milch
120 g Butter oder Margarine

FÜR DEN BANOFFEE-BELAG:

45 g Butter
75 g Zucker
2 EL flüssiger Honig
5 EL Schlagsahne, 1 Prise Salz
125 g getrocknete Bananenchips
30 g Kakaonibs

ZUSÄTZLICH:

150 g dunkle Kuchenglasur
Ausstecher, rund (Ø 6 cm)

PRO STÜCK:

E: 2 g, F: 9 g, Kh: 21 g, kcal: 174

1. Für den Teig Mehl, Kakao und Backpulver in einer Rührschüssel mischen. Restliche Zutaten für den Teig hinzufügen und mit einem Mixer (Knethaken) kurz auf niedrigster, dann auf höchster Stufe gut durcharbeiten. Anschließend auf der leicht bemehlten Arbeitsfläche kurz zu einem Teig verkneten. Den Teig flach geformt und in Frischhaltefolie gewickelt etwa 30 Minuten in den Kühlschrank legen.

2. Den Backofen vorheizen.
Ober-/Unterhitze: etwa 180 °C
Heißluft: etwa 160 °C

3. Den Teig auf einer leicht bemehlten Arbeitsfläche etwa ½ cm dick ausrollen, runde Plätzchen ausstechen und auf Backbleche (leicht gefettet, mit Backpapier belegt) setzen. Mit einem Holzspieß einen inneren Kreis auf die Plätzchen ziehen, sodass ein Rand von 1–2 mm entsteht.

4. Die Backbleche nacheinander (bei Heißluft zusammen) in den vorgeheizten Backofen schieben. Die Plätzchen **etwa 10 Minuten je Backblech vorbacken.**

5. Für den Belag Butter, Zucker, Honig, Sahne und Salz in einem Topf zum Kochen bringen und so lange kochen, bis eine karamellfarbige Masse entstanden ist. Bananenchips zerbröseln, mit den Kakaonibs untermischen und nochmals aufkochen lassen. Die Masse auf den Plätzchen (inneren Kreis) verteilen.

6. Die Backbleche nacheinander (bei Heißluft zusammen) in den vorgeheizten Backofen schieben. Die Plätzchen **etwa 7 Minuten je Backblech backen.** Anschließend die Backbleche auf Kuchenroste setzen. Die Plätzchen erkalten lassen.

7. Kuchenglasur nach Packungsanleitung schmelzen. Die Banoffee-Plätzchen damit beträufeln oder mit der unteren Seite und dem Rand in die Glasur tauchen, abstreifen und auf Backpapier setzen. Mit Kuchenheber auf Kuchenrosten umsetzen. Glasur fest werden lassen.

BASILIKUM-ZUCKER-WHOOPIES

Zubereitungszeit: 35 Minuten, ohne Abkühlzeit
Backzeit: 8–10 Minuten je Backblech

ZUTATEN FÜR 16 STÜCK

ZUM VORBEREITEN:

60 g Zucker
2 gut geh. EL vorbereitete Basilikumblätter
1 Bio-Zitrone (unbehandelt, ungewachst)

FÜR DEN SCHÜTTELTEIG:

100 g Weizenmehl
1 gestr. TL Backpulver
1 Ei (Größe M)
50 g Schlagsahne
50 ml Olivenöl
25 g gem. Pinienkerne
etwa 20 g ganze Pinienkerne

FÜR DIE FÜLLUNG:

75 g Zartbitter-Schokoladenstückchen (etwa 50 % Kakaoanteil)
½ TL Olivenöl
2 EL Schlagsahne

PRO STÜCK:

E: 2 g, F: 8 g, Kh: 11 g, kcal: 127

1. Zum Vorbereiten Zucker mit Basilikum auf ein großes Schneidbrett geben. Die Blätter mit einem scharfen Messer in dem Zucker fein hacken.
40 g Basilikum-Zucker abwiegen. Zitrone heiß abwaschen, abtrocknen, die Schale fein abreiben. Zitrone halbieren und den Saft auspressen.

2. Für den Teig Mehl mit Backpulver mischen, in eine verschließbare Schüssel (etwa 3 l) geben, mit dem abgewogenen Basilikum-Zucker mischen.
Ei, 1 Teelöffel Zitronensaft sowie Zitronenschale, Sahne und Olivenöl hinzufügen. Die Schüssel mit dem Deckel fest verschließen, mehrmals kräftig schütteln (insgesamt 15–30 Sekunden), sodass alle Zutaten gut vermischt sind. Gemahlene Pinienkerne hinzugeben. Alles mit einem Schneebesen oder Rührlöffel nochmals sorgfältig durchrühren, damit trockene Zutaten vom Rand und Deckel mit untergerührt werden.

3. Den Backofen vorheizen.
Ober-/Unterhitze: etwa 180 °C
Heißluft: etwa 160 °C

4. Den Teig in 32 Häufchen mit genügend Abstand auf 1–2 Backbleche (gefettet, mit Backpapier belegt) setzen. Mit den ganzen Pinienkernen und restlichem Basilikum-Zucker bestreuen. Die Backbleche nacheinander (bei Heißluft zusammen) in den vorgeheizten Backofen schieben. Die Whoopies **8–10 Minuten je Backblech backen.**

5. Die Whoopies mit dem Backpapier von den Backblechen auf Kuchenroste ziehen. Whoopies erkalten lassen.

6. Für die Füllung Schokolade, Olivenöl und Sahne in einem kleinen Topf im Wasserbad bei schwacher Hitze unter Rühren schmelzen. Die Hälfte der Whoopies auf der glatten Seite damit bestreichen. Restliche Whoopies daraufsetzen und leicht andrücken. Die Schokolade fest werden lassen.

BLAUBLÜTIGE HERZEN

Zubereitungszeit: 120 Minuten, ohne Kühl- und Abkühlzeit
Backzeit: etwa 10 Minuten je Backblech
Haltbarkeit: kalt gestellt etwa 2 Wochen in gut schließenden Dosen

ZUTATEN FÜR 30 STÜCK

FÜR DEN KNETTEIG:

180 g Weizenmehl
1 Msp. Backpulver
60 g Puderzucker
1 Prise Salz
1 TL Vanillin-Zucker
100 g Butter oder Margarine
1 Eigelb (Größe M)

ZUM BESTREICHEN UND BESTREUEN:

1 Eiweiß (Größe M)
1 EL getrocknete Blütenblätter (z. B. blaue Kornblumenblätter oder provenzalische Wildblüten)

FÜR DIE FÜLLUNG:

30 g flüssiger Honig
50 g Schlagsahne
30 g Zucker
20 g Butter
15 g gem. Blaumohn (Dampfmohn)
20 g Zitronat (Sukkade)
30 g Kokosfett

ZUSÄTZLICH:

Herzausstecher (Ø etwa 5 cm)
Spritzbeutel mit Lochtülle (Ø 7 mm)

PRO STÜCK:

E: 1 g, F: 5 g, Kh: 9 g, kcal: 90

1. Für den Teig Mehl mit Backpulver in einer Rührschüssel mischen. Puderzucker, Salz und Vanillin-Zucker untermischen. Butter oder Margarine in kleine Stücke schneiden, zusammen mit dem Eigelb in die Rührschüssel geben.

2. Die Zutaten mit einem Mixer (Knethaken) zunächst kurz auf niedrigster, dann auf höchster Stufe gut durcharbeiten. Anschließend auf der leicht bemehlten Arbeitsfläche kurz zu einem Teig verkneten. Den Teig in Frischhaltefolie gewickelt mindestens 1 Stunde in den Kühlschrank legen.

3. Den Backofen vorheizen.
Ober-/Unterhitze: etwa 160 °C
Heißluft: etwa 140 °C

4. Den Teig portionsweise auf der bemehlten Arbeitsfläche etwa 2 mm dick ausrollen. Insgesamt 90 Herzen ausstechen. Die Herzen auf 3 Backbleche (mit Backpapier belegt) legen.

5. Zum Bestreichen das Eiweiß verschlagen. 30 der Herzen dünn mit Eiweiß bestreichen und sofort mit den Blütenblättern bestreuen.

6. Die Backbleche nacheinander (bei Heißluft zusammen, nur die Herzen ohne Blüten backen, Heißluft ist für die Herzen mit Blüten nicht geeignet) in den vorgeheizten Backofen schieben. Die Herzen **etwa 10 Minuten je Backblech backen.**

7. Die Keksherzen jeweils mit dem Backpapier von den Backblechen auf Kuchenroste ziehen und erkalten lassen.

8. Für die Füllung Honig, Sahne, Zucker, Butter und Mohn in einem kleinen Topf aufkochen, anschließend unter Rühren mit einem Kochlöffel etwa 3 Minuten bei mittlerer Hitze ohne Deckel kochen lassen, bis die Masse leicht anzieht. Den Topf von der Kochstelle nehmen und die Masse so lange weiterrühren, bis sie etwas abgekühlt ist. Die Mohnmasse etwa 20 Minuten in den Kühlschrank stellen.

9. In der Zwischenzeit das Zitronat sehr fein hacken. Kokosfett mit dem Mixer (Rührstäbe) kurz aufschlagen. Die Mohnmasse esslöffelweise mit dem Mixer (Rührstäbe) unter das Kokosfett rühren. Zitronat unterrühren. Die Füllung in den Spritzbeutel füllen. Jeweils ein „V" auf die Herzen ohne Blüten spritzen.

10. Je 2 Herzen mit Füllung und 1 Blütenherz aufeinanderlegen und leicht andrücken. Die Füllung fest werden lassen.

TIPP:

Die getrockneten, essbaren Blütenblätter erhalten Sie in Bio- oder Reformläden oder im Internet-Versandhandel. Sie schmecken herb-würzig.
Diese Blütenblätter gibt es in unterschiedlichen Mischungen, Geschmacksrichtungen oder nach Sorten sortiert.
Alternativ können Sie den Teig auch mit Hagelzucker, gehackten Mandeln oder gehobelten Nüssen bestreuen.

BLÜTEN-COOKIES

- Zubereitungszeit: 30 Minuten, ohne Abkühlzeit
  Backzeit: 12–15 Minuten
  Haltbarkeit: 1 Woche haltbar, kühl und trocken gestellt in einer gut verschlossenen Dose
- ▲ mit Alkohol

ZUTATEN FÜR 8–9 GROSSE COOKIES

ZUM VORBEREITEN:

75 g getrocknete Aprikosen

FÜR DEN TEIG:

75 g Butterschmalz (zimmerwarm)
100 g Zucker
1 Pck. Vanillin-Zucker
1 Ei (Größe M)
100 g Weizenmehl
50 g Speisestärke
1 gestr. TL Backpulver
3 EL Amaretto

FÜR DEN BELAG:

etwa 50 g gehobelte Mandeln
100 g Aprikosenkonfitüre
2 EL Amaretto

PRO STÜCK:

E: 4 g, F: 13 g, Kh: 40 g, kcal: 306

1. Zum Vorbereiten Aprikosen in sehr kleine Würfel schneiden.

2. Den Backofen vorheizen.
Ober-/Unterhitze: etwa 200 °C
Heißluft: etwa 180 °C

3. Für den Teig Butterschmalz mit Zucker und Vanillin-Zucker in eine Rührschüssel geben. Die Zutaten mit einem Mixer (Rührstäbe) zunächst kurz auf niedrigster, dann auf höchster Stufe schaumig schlagen. Das Ei hinzugeben und etwa 1 Minute unterschlagen.

4. Mehl mit Speisestärke und Backpulver gut vermischen. Die Mehlmischung auf die Butterschmalz-Ei-Masse geben, mit dem Amaretto und den vorbereiteten Aprikosenwürfeln mit einem Teigschaber unterheben.

5. Den Cookieteig mit 2 Esslöffeln oder einem Eisportionierer in gleich großen, runden Häufchen auf ein Backblech (gefettet, mit Backpapier belegt) setzen, dabei genügend Abstand zwischen den Teighäufchen lassen. Die Teighäufchen mit einem in Wasser getauchten Löffel zu flachen Cookies verstreichen. Das Backblech in den vorgeheizten Backofen schieben. Die Cookies **12–15 Minuten backen.**

6. Die Cookies mit dem Backpapier von dem Backblech auf einen Kuchenrost ziehen und erkalten lassen.

7. Für den Belag inzwischen Mandeln auf ein Backblech geben und in dem noch heißen Backofen goldbraun rösten. Mandeln abkühlen lassen.

8. Aprikosenkonfitüre mit Amaretto verrühren, durch ein Sieb in einen Topf streichen und unter Rühren gut aufkochen lassen. Danach etwas Konfitüre mit einem Pinsel jeweils auf die Cookie-Mitte streichen. Einige Mandelblätter blütenförmig darauflegen. Die restliche Konfitüre mit einem Teelöffel in kleinen Klecksen in die Mitte der Blütenblätter geben. Konfitüre trocknen lassen.

BLÜTENTRÄUME

Zubereitungszeit: 120 Minuten, ohne Kühl- und Abkühlzeit
Backzeit für Kekse ohne Marzipan: etwa 10 Minuten je Backblech
Backzeit für Kekse mit Marzipan: etwa 12 Minuten je Backblech
Haltbarkeit: kühl gestellt etwa 1 Woche in gut schließenden Dosen

ZUTATEN FÜR ETWA 35 STÜCK

FÜR DEN KNETTEIG:

200 g Weizenmehl
65 g Zucker
1 Prise Salz
1 TL ger. Zitronenschale
125 g Butter oder Margarine

FÜR DEN BELAG:

1 EL Pistazienkerne (etwa 5 g)
125 g Marzipan-Rohmasse
30 g Puderzucker
1 Eigelb (Größe M)
1 EL Zitronensaft
35 rosa Zuckerperlen (metallic)

FÜR DIE FÜLLUNG:

50 g Vollmilch-Kuvertüre
120 g Schoko-Mangos (von Casali)
20 g Kokosfett (zimmerwarm)

ZUSÄTZLICH:

Blüten-Ausstecher (Ø 4 ½ cm)
Spritzbeutel mit Lochtülle (Ø 7 mm)

PRO STÜCK:

E: 1 g, F: 6 g, Kh: 12 g, kcal: 108

1. Für den Knetteig Mehl in eine Rührschüssel geben. Zucker, Salz und Zitronenschale hinzugeben. Butter oder Margarine in kleine Stücke schneiden und ebenfalls in die Rührschüssel geben.

2. Die Zutaten mit einem Mixer (Knethaken) zunächst kurz auf niedrigster, dann auf höchster Stufe gut durcharbeiten. Anschließend auf der leicht bemehlten Arbeitsfläche kurz zu einem Teig verkneten. Den Teig in Frischhaltefolie gewickelt mindestens 1 Stunde in den Kühlschrank legen.

3. Den Teig portionsweise auf der bemehlten Arbeitsfläche etwa 2 mm dick ausrollen. Mit dem Ausstecher etwa 105 Blüten ausstechen. Die Blüten auf 3–4 Backbleche (mit Backpapier belegt) legen.

4. Den Backofen vorheizen.
Ober-/Unterhitze: etwa 180 °C
Heißluft: etwa 160 °C

5. Für den Belag die Pistazienkerne sehr fein hacken. Marzipan-Rohmasse in kleine Stücke schneiden, mit Puderzucker und Eigelb in eine Rührschüssel geben und mit einem Mixer (Rührstäbe) zu einer glatten Masse verrühren. Zitronensaft unterrühren.

6. Die Marzipanmasse in den Spritzbeutel füllen. Auf 35 der Teigblüten jeweils 6–7 kleine Tupfen spritzen und mit gehackten Pistazien bestreuen. In die Mitte jeweils eine Zuckerperle setzen.

7. Die Backbleche nacheinander (bei Heißluft zusammen) in den vorgeheizten Backofen schieben. Die Teigblüten ohne Marzipan-Belag **etwa 10 Minuten je Backblech backen.** Die Teigblüten mit Marzipan-Belag **etwa 12 Minuten je Backblech backen.**

8. Das Gebäck jeweils mit dem Backpapier auf Kuchenroste ziehen und erkalten lassen.

9. Für die Füllung die Kuvertüre hacken und in einem Topf im Wasserbad bei schwacher Hitze unter Rühren schmelzen.

10. Inzwischen die Schoko-Mangos in feine Streifen schneiden, zusammen mit dem Kokosfett in einem Rührbecher pürieren.

11. Die geschmolzene Kuvertüre unter Rühren 5 Minuten abkühlen lassen. Anschließend langsam unter das Mango-Püree rühren. Die Masse in einen Gefrierbeutel füllen und eine kleine Ecke abschneiden.

12. Auf die Kekse ohne Marzipan jeweils 6 kleine Tupfen der Füllung spritzen. Jeweils 2 Kekse mit Füllung aufeinandersetzen und mit einem Marzipan-Keks bedecken. Die Kekse leicht andrücken. Die Füllung fest werden lassen.

TIPP:

Anstelle der Schoko-Mangos können Sie auch Schoko-Bananen verwenden.

BOYSENBEEREN-HERZEN

Zubereitungszeit: 70 Minuten, ohne Kühl- und Abkühlzeit
Backzeit: etwa 15 Minuten je Backblech

ZUTATEN FÜR 30–40 STÜCK

FÜR DEN KNETTEIG:

200 g Weizenmehl
75 g Zucker
2 Pck. Bourbon-Vanille-Zucker
1 Prise Salz
1 Eigelb (Größe M)
125 g Butter oder Margarine (zimmerwarm)

FÜR DIE STREUSEL:

150 g Weizenmehl
60 g Zucker
1 Prise Salz
½ TL gem. Zimt
100 g Butter

ZUM BESTREICHEN:

200 g Boysenbeeren-Konfitüre

ZUM BESTÄUBEN:

2 EL Puderzucker

ZUSÄTZLICH:

Herz-Ausstecher (5–6 cm)

PRO STÜCK:

E: 1 g, F: 7 g, Kh: 19 g, kcal: 138

1. Für den Teig Mehl in eine Rührschüssel geben. Zucker, Vanille-Zucker, Salz, Eigelb und Butter oder Margarine hinzufügen. Die Zutaten mit einem Mixer (Knethaken) zunächst kurz auf niedrigster, dann auf höchster Stufe gut durcharbeiten.

2. Anschließend auf der leicht bemehlten Arbeitsfläche kurz zu einem glatten Teig verkneten. Den Teig flach geformt und in Frischhaltefolie gewickelt etwa 30 Minuten in den Kühlschrank legen.

3. Den Backofen vorheizen.
Ober-/Unterhitze: etwa 180 °C
Heißluft: etwa 160 °C

4. Für die Streusel Mehl in eine Rührschüssel geben. Zucker, Salz, Zimt und Butter hinzufügen. Die Zutaten mit dem Mixer (Rührstäbe) zunächst kurz auf niedrigster, dann auf höchster Stufe zu feinen Streuseln verarbeiten. Streusel beiseitestellen.

5. Den Knetteig portionsweise auf der leicht bemehlten Arbeitsfläche dünn ausrollen und 30–40 Herzen (je nach Größe des Ausstechers) ausstechen. Die Herzen auf 2 Backbleche (gefettet, mit Backpapier belegt) setzen.

6. Zum Bestreichen die Konfitüre gut verrühren, die Herzen damit bestreichen und mit den beiseitegestellten Streuseln bestreuen.

7. Die Backbleche nacheinander (bei Heißluft zusammen) in den vorgeheizten Backofen schieben. Die Herzen **etwa 15 Minuten je Backblech backen.**

8. Die Herzen mit dem Backpapier von den Backblechen auf Kuchenroste ziehen und erkalten lassen. Die Herzen mit Puderzucker bestäuben.

TIPP:

Damit die Konfitüre beim Backen nicht über den Rand laufen kann, mit einem Holzspieß 2–3 mm vom Rand der ausgestochenen Herzen eine innere Herzform ziehen und die Konfitüre darin verstreichen. Dann mit Streuseln bestreuen und backen.

VARIANTE:

Man kann ganz nach dem eigenen Geschmack jede Art von Konfitüre verwenden, z. B. auch Aroniabeeren-, Holunder-Lavendel- oder Sanddorn-Holunder-Konfitüre (aus dem Bioladen) oder eine selbst hergestellte Konfitüre.

B

BREZELN MIT GLÜHWEINGUSS

● Zubereitungszeit: 75 Minuten, ohne Kühl- und Abkühlzeit
Backzeit: 12–14 Minuten je Backblech
▲ mit Alkohol

ZUTATEN FÜR 42 STÜCK

FÜR DEN KNETTEIG:

200 g Weizenmehl
1 Msp. Backpulver
70 g Zucker
1 Pck. Bourbon-Vanille-Zucker
1 Eigelb (Größe M)
1 Ei (Größe M)
170 g Butter oder Margarine (zimmerwarm)
100 g gem. Haselnusskerne

FÜR DEN GUSS:

200 ml Rotwein
1 Stange Zimt
2 Gewürznelken
1 Stück Sternanis
100 g Puderzucker

PRO STÜCK:

E: 1 g, F: 5 g, Kh: 8 g, kcal: 86

1. Für den Teig Mehl mit Backpulver in einer Rührschüssel mischen. Restliche Zutaten für den Teig hinzufügen und mit einem Mixer (Knethaken) zunächst kurz auf niedrigster, dann auf höchster Stufe gut durcharbeiten. Anschließend auf der leicht bemehlten Arbeitsfläche kurz zu einem Teig verkneten. Den Teig in 3 Portionen teilen. Jede Teigportion in Frischhaltefolie gewickelt etwa 30 Minuten in den Kühlschrank legen.

2. Den Backofen vorheizen.
Ober-/Unterhitze: etwa 180 °C
Heißluft: etwa 160 °C

3. Eine Teigportion in etwa 14 Häufchen von etwa 15 g aufteilen. Diese auf der leicht bemehlten Arbeitsfläche zu bleistiftdicken Rollen formen (Länge etwa 16 cm). Die Rollen an den Enden etwas dünner rollen und zu Brezeln formen. Mit einer Palette oder einem Tortenheber auf ein Backblech (leicht gefettet, mit Backpapier belegt) setzen. Mit den restlichen Teigportionen genauso verfahren und auf ein zweites Backblech setzen. Dabei genügend Abstand zwischen den Brezeln lassen.

4. Die Backbleche nacheinander (bei Heißluft zusammen) in den vorgeheizten Backofen schieben. Die Brezeln **12–14 Minuten je Backblech backen.**

5. Die Brezeln mit dem Backpapier von den Backblechen auf Kuchenroste ziehen. Brezeln erkalten lassen.

6. Für den Guss Rotwein mit den Gewürzen in einem Topf zum Kochen bringen und etwa 5 Minuten kochen lassen. Gewürze entfernen und den Rotweinsud bis auf 3–4 Esslöffel einkochen lassen. Rotweinsud mit dem Puderzucker glatt rühren. Falls der Guss zu fest und schlecht streichbar ist, mit wenig Rotwein zu einem streichfähigen Guss verrühren.

7. Die Brezeln mit dem Guss bestreichen und trocknen lassen.

TIPP:

Alkoholfrei und kinderfreundlich wird das Rezept, wenn Sie den Rotwein durch Holunderbeersaft ersetzen.

BUNTE MACARONS

◷ Zubereitungszeit: 60 Minuten, ohne Abkühlzeit
Backzeit: 20–22 Minuten
+ glutenfrei

ZUTATEN FÜR 45 STÜCK

FÜR DIE MANDEL-BAISER-MASSE

(für jeweils eine Sorte):
120 g abgezogene, gem. Mandeln
2 Eiweiß (Größe M)
1 Prise Salz
160 g Puderzucker
gelbe und rote Speisefarbe (Orangen-Macarons)
oder rote Speisefarbe (Kirsch-Macarons)
oder 1 ½ EL gesiebtes Kakaopulver
(Nuss-Nougat-Macarons)

FÜR DIE FÜLLUNGEN:

Orangen-Macarons:
50 g Butter (zimmerwarm)
50 g Puderzucker
Schale und Saft von ½ Bio-Orange
(unbehandelt, ungewachst)
oder Kirsch-Macarons:
50 g Sauerkirschgelee
50 g Butter (zimmerwarm)
oder Nuss-Nougat-Macarons:
100 g Nuss-Nougat-Creme

ZUSÄTZLICH:

Spritzbeutel mit Lochtülle (Ø 1–1 ½ cm)

PRO STÜCK:

E: 1 g, F: 2 g, Kh: 5 g, kcal: 44 (Orange)
E: 1 g, F: 2 g, Kh: 4 g, kcal: 42 (Kirsch)
E: 1 g, F: 2 g, Kh: 5 g, kcal: 44 (Nuss-Nougat)

1. Für die Mandel-Baiser-Masse die Mandeln in einem Blitzhacker noch feiner mahlen.

2. Den Backofen vorheizen.
Heißluft: etwa 70 °C
(Ober-/Unterhitze ist nicht empfehlenswert.)

3. Eiweiß und Salz mit dem Mixer (Rührstäbe) auf höchster Stufe sehr steif schlagen. Nach und nach Puderzucker unterschlagen. So lange schlagen, bis der Eischnee stark glänzt. Dann die vorbereiteten Mandeln unterheben.

4. Je nachdem, welche Macarons Sie zubereiten möchten, den Eischnee mit einigen Tropfen gelber und einigen Tropfen roter Speisefarbe, nur mit roter Speisefarbe oder mit der entsprechenden Menge Kakao färben. Dafür die jeweiligen Zutaten vorsichtig unterheben.

5. Den Eischnee in den Spritzbeutel füllen. Insgesamt etwa 90 Tupfen (Ø etwa 3 cm) auf Backbleche (gefettet, mit Backpapier belegt) spritzen. Dabei genügend Abstand zwischen den Tupfen lassen.

6. Die Backbleche zusammen in den vorgeheizten Backofen schieben. Die Macarons **etwa 12 Minuten backen.**

7. Anschließend die Backofentemperatur auf etwa 140 °C erhöhen. Die Macarons **weitere 8–10 Minuten backen.**

8. Die Backbleche auf Kuchenroste stellen. Die Macarons darauf erkalten lassen.

9. Für die Füllung eine der folgenden Füllungen zubereiten: Für Orangen-Macarons Butter und Puderzucker mit dem Mixer (Rührstäbe) auf höchster Stufe in etwa 3 Minuten schaumig schlagen, dann Orangenschale und -saft kurz unterrühren. Für Kirsch-Macarons Gelee und Butter auf die gleiche Weise schaumig schlagen. Die vorbereitete Füllung oder die Nuss-Nougat-Creme in einen Gefrierbeutel geben und eine kleine Ecke abschneiden. Die Hälfte der Macarons auf der Unterseite mit etwas von der jeweiligen Füllung bespritzen. Restliche Macarons daraufsetzen.

BUTTERPLÄTZCHEN

Zubereitungszeit: 1 Stunde, ohne Abkühlzeit
Backzeit: 8-10 Minuten je Backblech
Haltbarkeit: etwa 3 Wochen

ZUTATEN FÜR 50 STÜCK

FÜR DEN KNETTEIG:

300 g Weizenmehl
½ TL Backpulver
100 g Zucker, 2 Pck. Vanillin-Zucker
200 g Butter

ZUM BESTREICHEN UND BESTREUEN:

1 Eigelb, 1 EL Wasser
40 g gehobelte Mandeln (Tropfen)
2 EL Puderzucker (Herzen)

FÜR DIE FÜLLUNG UND ZUM GARNIEREN:

100 g rotes Johannisbeergelee
50 g Holunderblüten- oder Quittengelee

ZUSÄTZLICH:

Ausstecher in Herz- und Rautenform,
jeweils in 2 Größen
Ausstecher in Tropfenform

PRO STÜCK:

E: 1 g, F: 4 g, Kh: 9 g, kcal: 76

1. Für den Teig Mehl mit Backpulver in einer Rührschüssel mischen. Restliche Zutaten hinzufügen und mit einem Mixer (Knethaken) zunächst kurz auf niedrigster, dann auf höchster Stufe gut durcharbeiten.

2. Anschließend auf der leicht bemehlten Arbeitsfläche kurz zu einem Teig verkneten. Sollte er kleben, den Teig in Frischhaltefolie gewickelt eine Zeit lang in den Kühlschrank legen.

3. Den Backofen vorheizen.
Ober-/Unterhitze: etwa 180 °C
Heißluft: etwa 160 °C

4. Den Teig portionsweise auf der leicht bemehlten Arbeitsfläche etwa 3 mm dünn ausrollen und mit den großen Ausstechern Herzen und Rauten sowie Tropfen ausstechen.

5. Für die Oberteile bei der Hälfte der Herzen und Rauten zusätzlich innen ein kleines Herz bzw. eine kleine Raute ausstechen. Die Teigreste wieder zusammenkneten, erneut ausrollen und weitere Motive ausstechen – so oft, bis der Teig aufgebraucht ist. Unter- und Oberteile mit etwas Abstand auf Backbleche (mit Backpapier belegt) legen. Dabei die Oberteile getrennt von den geschlossenen Unterteilen auf Bleche legen (die Oberteile bräunen schneller und müssen evtl. etwas früher aus dem Ofen genommen werden).

6. Zum Bestreichen Eigelb und Wasser verschlagen. Alle Oberteile sowie die Hälfte der Tropfen damit bestreichen. Bestrichene Tropfen mit Mandeln bestreuen. Backbleche nacheinander (bei Heißluft zusammen) in den vorgeheizten Backofen schieben. Die Plätzchen **8–10 Minuten je Backblech backen.**

7. Plätzchen mit dem Backpapier auf Kuchenroste ziehen und erkalten lassen. Herz-Oberteile mit Puderzucker bestäuben.

8. Für die Füllung Johannisbeergelee gut aufkochen lassen. Auf die Unterteile der Tropfen sowie auf die Unterteile der Herzen geben, sofort mit den Oberteilen belegen. Restliches Gelee nochmals erwärmen, in einen Gefrierbeutel geben, eine kleine Ecke abschneiden. Punkte auf die Rauten-Oberteile spritzen.

9. Holunderblüten- oder Quittengelee kurz aufkochen lassen, auf die Unterteile der Rauten streichen, mit den Oberteilen belegen.

CANTUCCINI MIT CRANBERRYS

● Zubereitungszeit: 50 Minuten, ohne Kühl- und Abkühlzeit
Backzeit: etwa 45 Minuten
▲ mit Alkohol

ZUTATEN FÜR 150 STÜCK

FÜR DEN KNETTEIG:

500 g Weizenmehl
1 gestr. TL Backpulver
250 g Zucker
3 Eier (Größe M)
abger. Schale von je ½ Bio-Zitrone und -Orange (unbehandelt, ungewachst)
2 EL Orangensaft
2 EL Vin Santo oder Cream Sherry
1 Prise Salz
60 g Butter (zimmerwarm)
150 g nicht abgezogene, ganze Mandeln
50 g getrocknete Cranberrys

PRO STÜCK:

E: 1 g, F: 1 g, Kh: 4 g, kcal: 30

1. Für den Teig Mehl mit Backpulver in einer Rührschüssel mischen. Restliche Zutaten für den Teig, außer Mandeln und Cranberrys, hinzufügen und mit dem Mixer (Knethaken) zunächst kurz auf niedrigster, dann auf höchster Stufe gut durcharbeiten.

2. Anschließend auf der leicht bemehlten Arbeitsfläche kurz zu einem Teig verkneten. Zuletzt die Mandeln und Cranberrys unterarbeiten. Den Teig zu einer Rolle formen und in Frischhaltefolie gewickelt etwa 30 Minuten in den Kühlschrank legen.

3. Den Backofen vorheizen.
Ober-/Unterhitze: etwa 180 °C
Heißluft: etwa 160 °C

4. Aus dem Teig 5 gleich große Rollen (Länge je etwa 35 cm) formen. Die Teigrollen nebeneinander auf ein Backblech (mit Backpapier belegt) legen. Das Backblech in den vorgeheizten Backofen schieben. Die Gebäckrollen **etwa 30 Minuten backen.**

5. Die Gebäckrollen vom Backblech nehmen und sofort schräg in gut 1 cm dicke Scheiben schneiden. Die Hälfte der Gebäckscheiben nochmals auf das Backblech (mit Backpapier belegt) legen und wieder in den heißen Backofen schieben. Die Cantuccini bei gleicher Backofentemperatur **weitere 10–15 Minuten backen,** damit sie kross werden.

6. Dann die Cantuccini mit dem Backpapier vom Backblech auf einen Kuchenrost ziehen. Die restlichen Gebäckscheiben auf das Backblech (wieder mit Backpapier belegt) legen und wie zuvor beschrieben backen. Cantuccini erkalten lassen und in gut verschließbaren Dosen oder Gläsern aufbewahren.

TIPP:

Zusätzlich 50 g backfeste Schokoladentropfen oder Kakaonibs mit unter den Teig kneten.

CASHEW-COOKIES MIT CAYENNEPFEFFER

Zubereitungszeit: 30 Minuten, ohne Abkühlzeit
Backzeit: 12–15 Minuten

ZUTATEN FÜR 8–9 GROSSE COOKIES

ZUM VORBEREITEN:

75 g Cashewkerne

FÜR DEN TEIG:

100 g Butter (zimmerwarm)
50 g brauner Zucker
25 g flüssiger Honig
1 Prise Salz
1–2 Msp. Cayennepfeffer
1 Ei (Größe S)
150 g Weizenmehl
1 Msp. Backpulver

FÜR DEN BELAG:

8–9 Cashewkerne
1 Eiweiß (Größe S)
1 Prise Salz

PRO STÜCK:

E: 5 g, F: 16 g, Kh: 23 g, kcal: 256

1. Zum Vorbereiten die Cashewkerne in feine Stückchen hacken.

2. Den Backofen vorheizen.
Ober-/Unterhitze: etwa 180 °C
Heißluft: etwa 160 °C

3. Für den Teig Butter mit Zucker, Honig, Salz und Cayennepfeffer in eine Rührschüssel geben. Die Zutaten mit einem Mixer (Rührstäbe) zunächst kurz auf niedrigster, dann auf höchster Stufe schaumig schlagen. Das Ei hinzugeben und etwa 1 Minute unterschlagen.

4. Mehl mit Backpulver und den gehackten Cashewkernen gut vermischen. Die Mehl-Nuss-Mischung auf die Butter-Ei-Masse geben und mit einem Teigschaber unterheben.

5. Den Teig mit 2 Esslöffeln oder einem Eisportionierer in gleich großen, runden Häufchen auf ein Backblech (gefettet, mit Backpapier belegt) setzen, dabei genügend Abstand zwischen den Teighäufchen lassen. Die Teighäufchen mit einem in Wasser getauchten Löffel zu flachen Cookies verstreichen.

6. Für den Belag jeden Cookie mit einem Cashewkern belegen und diesen leicht in den Teig drücken. Eiweiß mit Salz verschlagen. Cookies und Cashewkerne damit bestreichen. Das Backblech in den vorgeheizten Backofen schieben. Cashew-Cookies **12–15 Minuten backen.**

7. Die Cashew-Cookies mit dem Backpapier vom Backblech auf einen Kuchenrost ziehen und erkalten lassen.

TIPP:

Anstelle von Cashewkernen können Sie auch abgezogene ganze Mandeln verwenden.

CASHEW-ORANGEN-COOKIES

Zubereitungszeit: 40 Minuten, ohne Abkühlzeit
Backzeit: 12–15 Minuten

ZUTATEN FÜR 8–9 GROSSE COOKIES

FÜR DEN CASHEW-ORANGEN-CRUNCH:

75 g Cashewkerne, geröstet und gesalzen
30 g Zucker
40 g Orangenmarmelade
1 Pck. Orangenschalen-Aroma

FÜR DEN TEIG:

120 g Butter (zimmerwarm)
75 g Zucker
1 Ei (Größe S)
150 g Weizenmehl
½ TL Backpulver

FÜR DEN BELAG:

8–9 Cashewkerne, geröstet und gesalzen

PRO STÜCK:

E: 4 g, F: 18 g, Kh: 31 g, kcal: 302

1. Für den Crunch die Cashewkerne grob hacken. Cashewkerne in eine Schüssel geben, mit Zucker, Marmelade und Aroma verrühren.

2. Den Backofen vorheizen.
Ober-/Unterhitze: etwa 180 °C
Heißluft: etwa 160 °C

3. Für den Teig Butter mit Zucker in eine Rührschüssel geben. Die Zutaten mit einem Mixer (Rührstäbe) zunächst kurz auf niedrigster, dann auch auf höchster Stufe schaumig schlagen. Das Ei hinzugeben und etwa 1 Minute unterschlagen.

4. Mehl mit Backpulver gut vermischen. Die Mehlmischung auf die Butter-Ei-Masse geben und mit einem Teigschaber unterheben.

5. Den Teig mit 2 Esslöffeln oder einem Eisportionierer in gleich großen, runden Häufchen auf ein Backblech (gefettet, mit Backpapier belegt) setzen, dabei genügend Abstand zwischen den Teighäufchen lassen. Die Teighäufchen mit einem in Wasser getauchten Löffel zu flachen Cookies verstreichen. In die Mitte der Cookies eine Vertiefung eindrücken.

6. Mit 2 Teelöffeln jeweils etwas von dem vorbereiteten Cashew-Orangen-Crunch in die Vertiefungen der Cookies geben und mit je einem Cashewkern belegen. Das Backblech in den vorgeheizten Backofen schieben. Die Cashew-Orangen-Cookies **12–15 Minuten backen.**

7. Cookies mit dem Backpapier von dem Backblech auf einen Kuchenrost ziehen. Cashew-Orangen-Cookies erkalten lassen.

CASHEW-SCHNEEKUGELN

Zubereitungszeit: 50 Minuten, ohne Abkühlzeit
Backzeit: etwa 10 Minuten je Backblech
Haltbarkeit: 2–3 Wochen

ZUTATEN FÜR 40 STÜCK

ZUM VORBEREITEN:

100 g Cashewkerne

FÜR DEN TEIG:

180 g Butter (zimmerwarm)
50 g Puderzucker
1 Prise Salz
1 Eigelb (Größe M)
220 g Weizenmehl

FÜR DIE FÜLLUNG:

60 g Aprikosenkonfitüre

ZUSÄTZLICH:

60 g Puderzucker zum Bestäuben
Spritzbeutel mit Lochtülle (Ø 1 ½ cm)

PRO STÜCK:

E: 1 g, F: 5 g, Kh: 8 g, kcal: 83

1. Zum Vorbereiten die Cashewkerne grob hacken.

2. Den Backofen vorheizen.
Ober-/Unterhitze: etwa 190 °C
Heißluft: etwa 170 °C

3. Für den Teig Butter, Puderzucker, Salz und Eigelb mit einem Mixer (Rührstäbe) zunächst kurz auf niedrigster, dann auf höchster Stufe in 4 Minuten schaumig schlagen. Das Mehl mit den Cashewkernen mischen und mit einem Teigschaber unterheben.

4. Den Teig in den Spritzbeutel füllen und in Tupfen (Ø etwa 2 cm) auf Backbleche (gefettet, mit Backpapier belegt) spritzen. Dabei genügend Abstand zwischen den Tupfen lassen.

5. Die Backbleche nacheinander (bei Heißluft zusammen) in den vorgeheizten Backofen schieben. Die Tupfen **etwa 10 Minuten je Backblech backen.**

6. Die Tupfen mit dem Backpapier auf Kuchenroste ziehen und erkalten lassen.

7. Für die Füllung die Konfitüre glatt rühren und evtl. durch ein Sieb streichen. Die Hälfte der Tupfen auf der Unterseite mit jeweils etwas von der Konfitüre bestreichen. Die restlichen Tupfen mit der Unterseite daraufsetzen und leicht andrücken.

8. Den Puderzucker zunächst über die Kugeln sieben, dann die Kugeln darin wälzen.

CASHEW-SCHOKO-COOKIES

Zubereitungszeit: 30 Minuten, ohne Kühl- und Abkühlzeit
Backzeit: etwa 15 Minuten je Backblech
Haltbarkeit: etwa 3 Wochen in gut schließenden Dosen

ZUTATEN FÜR ETWA 60 STÜCK

ZUM VORBEREITEN:

100 g geröstete, gesalzene Cashewkerne
200 g Zartbitter-Schokolade
1–2 TL rosa Pfefferbeeren

FÜR DEN RÜHRTEIG:

200 g Butter oder Margarine (zimmerwarm)
120 g Zucker
1 Ei (Größe M)
200 g Weizenmehl
1 gestr. TL Backpulver

PRO STÜCK:

E: 1 g, F: 5 g, Kh: 6 g, kcal: 72

1. Zum Vorbereiten Cashewkerne hacken und 1–2 Esslöffel davon zum Bestreuen beiseitestellen. 120 g von der Schokolade und die Pfefferbeeren ebenfalls hacken.

2. Restliche Schokolade in Stücke brechen und in einem kleinen Topf im Wasserbad bei schwacher Hitze unter Rühren schmelzen. Schokolade lauwarm abkühlen lassen.

3. Den Backofen vorheizen.
Ober-/Unterhitze: etwa 180 °C
Heißluft: etwa 160 °C

4. Für den Teig Butter oder Margarine mit Mixer (Rührstäbe) auf höchster Stufe geschmeidig rühren. Nach und nach Zucker unterrühren. So lange rühren, bis eine gebundene Masse entstanden ist. Das Ei etwa ½ Minute unterrühren. Die geschmolzene Schokolade ebenfalls kurz unterrühren.

5. Mehl mit Backpulver mischen und in 2 Portionen auf mittlerer Stufe kurz unterrühren. Zuletzt die gehackten Cashewkerne und Pfefferbeeren dazugeben und kurz unterrühren.

6. Den Teig mit 2 Teelöffeln in walnussgroßen Häufchen mit etwas Abstand auf Backbleche (gefettet, mit Backpapier belegt) setzen und die Häufchen mit den beiseitegestellten Cashewkernen bestreuen.

7. Die Backbleche nacheinander (bei Heißluft zusammen) in den vorgeheizten Backofen schieben. **Die Cookies etwa 15 Minuten backen.**

8. Die Backbleche auf Kuchenroste stellen. Die Cookies darauf erkalten lassen und anschließend vom Backpapier nehmen.

CHIA-HASELNUSS-KRAPFEN

Zubereitungszeit: 40 Minuten,
ohne Kühl- und Abkühlzeit
Backzeit: 10–12 Minuten je Backblech

ZUTATEN FÜR 60 STÜCK

FÜR DEN KNETTEIG:

200 g Weizenmehl
60 g Puderzucker
1 Pck. Bourbon-Vanille-Zucker
1 Msp. Kardamom, 1 Prise Salz
2 Eigelb (Größe M)
150 g Butter oder Margarine (zimmerwarm)
80 g gem. Haselnusskerne
20 g Chia-Samen

FÜR DIE FÜLLUNG:

150–200 g Aprikosenkonfitüre ohne Fruchtstücke und Kerne

PRO STÜCK:

E: 1 g, F: 3 g, Kh: 5 g, kcal: 54

1. Für den Teig Mehl in eine Rührschüssel geben. Puderzucker, Vanille-Zucker, Kardamom, Salz, Eigelb, Butter oder Margarine, Haselnusskerne und Chia-Samen hinzufügen. Die Zutaten mit einem Mixer (Knethaken) zunächst kurz auf niedrigster, dann auf höchster Stufe gut durcharbeiten.

2. Anschließend auf einer leicht bemehlten Arbeitsfläche kurz zu einem Teig verkneten. Den Teig flach formen und in Frischhaltefolie gewickelt etwa 60 Minuten in den Kühlschrank legen.

3. Den Backofen vorheizen.
Ober-/Unterhitze: etwa 180 °C
Heißluft: etwa 160 °C

4. Den Teig zunächst zu 3 gleich langen Rollen formen und dann jede Rolle in etwa 20 gleich große Stücke schneiden. Die Teigstücke zu Kugeln formen und mit Abstand auf Backbleche (leicht gefettet, mit Backpapier belegt) setzen. In jede Kugel mit einem in Mehl getauchten Rührlöffelstiel eine Vertiefung drücken.

5. Für die Füllung Konfitüre glatt rühren und in einen Gefrierbeutel füllen. Beutel gut verschließen und eine kleine Ecke abschneiden. Die Konfitüre in die Vertiefungen spritzen.

6. Die Backbleche nacheinander (bei Heißluft zusammen) in den vorgeheizten Backofen schieben. Die Krapfen **10–12 Minuten je Backblech backen.**

7. Die Krapfen mit dem Backpapier von den Backblechen auf Kuchenroste ziehen. Mit der restlichen Konfitüre die leicht eingesunkenen Mulden auffüllen.

TIPP:

Chia-Samen in einer Pfanne ohne Fett kurz rösten, dann im Blitzhacker oder in der Küchenmaschine etwas mahlen – so schmecken die Krapfen noch nussiger!

CRANBERRY-PEKAN-COOKIES

Zubereitungszeit: 30 Minuten, ohne Abkühlzeit
Backzeit: 15–18 Minuten

ZUTATEN FÜR 8–9 GROSSE COOKIES

ZUM VORBEREITEN:

30 g Pekannusskerne

FÜR DEN TEIG:

100 g Butter (zimmerwarm)
50 g Doppelrahm-Frischkäse
80 g Zucker
1 Pck. Vanillin-Zucker
1 Ei (Größe M)
120 g Weizenmehl
1 Pck. Vanille-Pudding-Pulver

ZUM BESTREUEN:

75 g getrocknete Cranberrys

PRO STÜCK:

E: 3 g, F: 15 g, Kh: 31 g, kcal: 274

1. Zum Vorbereiten die Pekannusskerne in grobe Stücke hacken.

2. Den Backofen vorheizen.
Ober-/Unterhitze: etwa 200 °C
Heißluft: etwa 180 °C

3. Für den Teig Butter mit Frischkäse, Zucker und Vanillin-Zucker in eine Rührschüssel geben. Die Zutaten mit einem Mixer (Rührstäbe) zunächst kurz auf niedrigster, dann auf höchster Stufe schaumig schlagen. Das Ei hinzugeben und etwa 1 Minute unterschlagen.

4. Mehl mit Pudding-Pulver gut vermischen, auf die Butter-Frischkäse-Ei-Masse geben und mit einem Teigschaber unterheben.

5. Den Teig mit 2 Esslöffeln oder einem Eisportionierer in gleich großen, runden Häufchen auf ein Backblech (gefettet, mit Backpapier belegt) setzen, dabei genügend Abstand zwischen den Teighäufchen lassen. Die Teighäufchen mit einem in Wasser getauchten Löffel zu flachen Cookies verstreichen. Die Cookies mit gehackten Pekannusskernen und Cranberrys bestreuen.

6. Das Backblech in den vorgeheizten Backofen schieben. Cranberry-Pekan-Cookies **15–18 Minuten backen.**

7. Die Cookies mit dem Backpapier von dem Backblech auf einen Kuchenrost ziehen. Cranberry-Pekan-Cookies erkalten lassen.

TIPP:

Sie können die Pekannusskerne auch durch andere Nusskerne, zum Beispiel Macadamianusskerne ersetzen. Statt Cranberrys schmecken auch getrocknete Kirschen sehr lecker.

CRANBERRY-STANGEN

Zubereitungszeit: 40 Minuten, ohne Abkühlzeit
Backzeit: etwa 20 Minuten je Backblech
Haltbarkeit: etwa 3 Wochen

ZUTATEN FÜR 25–30 STÜCK

FÜR DEN KNETTEIG:

125 g Weizenmehl
½ gestr. TL Backpulver
25 g Zucker
1 Eigelb (Größe M)
75 g Butter oder Margarine

FÜR DEN BELAG:

50 g Butter (zimmerwarm)
25 g Zucker
1 Pck. Vanillin-Zucker
1 Eiweiß (Größe M)
100 g abgezogene, gem. Mandeln
1 TL Weizenmehl
75 g getrocknete Cranberrys
50 g gestiftelte Mandeln
2–3 EL flüssiger Honig

ZUSÄTZLICH:

Spritzbeutel mit Sterntülle

PRO STÜCK:

E: 2 g, F: 7 g, Kh: 10 g, kcal: 109

1. Für den Teig Mehl mit Backpulver in einer Rührschüssel mischen. Restliche Zutaten für den Teig hinzufügen und mit einem Mixer (Knethaken) zunächst kurz auf niedrigster, dann auf höchster Stufe gut durcharbeiten. Anschließend auf der leicht bemehlten Arbeitsfläche kurz zu einem Teig verkneten. Sollte er kleben, den Teig in Frischhaltefolie gewickelt eine Zeit lang in den Kühlschrank legen.

2. Den Teig auf der leicht bemehlten Arbeitsfläche zu einem Quadrat (etwa 24 x 24 cm) ausrollen. Das Teigquadrat in 3 Streifen (je 8 x 24 cm) schneiden. Die Teigstreifen mit etwas Abstand auf Backbleche (gefettet, mit Backpapier belegt) legen.

3. Den Backofen vorheizen.
Ober-/Unterhitze: etwa 180 °C
Heißluft: etwa 160 °C

4. Für den Belag Butter mit Zucker und Vanillin-Zucker mit dem Mixer (Rührstäbe) schaumig rühren. Das Eiweiß kurz unterrühren. Die gemahlenen Mandeln mit dem Mehl mischen und ebenfalls kurz unterrühren.

5. Die Masse in einen Spritzbeutel mit kleiner Sterntülle füllen, an den Rändern und in der Mitte jedes Teigstreifens in Längsstreifen aufspritzen.

6. Die Cranberrys mit den gestiftelten Mandeln und dem Honig verrühren. Die Masse mit einem Teelöffel in den Zwischenräumen der gespritzten Masse verteilen. Die Backbleche nacheinander (bei Heißluft zusammen) in den vorgeheizten Backofen schieben. Die Cranberry-Stangen **etwa 20 Minuten je Backblech backen.**

7. Die Cranberry-Stangen mit dem Backpapier von den Backblechen auf Kuchenroste ziehen und erkalten lassen. Anschließend die Cranberry-Stangen mit einem Sägemesser in etwa 3 cm breite Stangen schneiden.

DIAMANTEN-UND-PERLEN-PLÄTZCHEN

Zubereitungszeit: 60 Minuten, ohne Kühl- und Abkühlzeit
Backzeit: 10–15 Minuten je Backblech

ZUTATEN FÜR 40–50 STÜCK

(je nach Ausstechergröße)

ZUM VORBEREITEN:

100 g Zartbitter-Schokolade (etwa 50 % Kakaoanteil)

FÜR DEN KNETTEIG:

100 g Butter (zimmerwarm)
120 g Zucker
1 Prise Salz
1 Pck. Bourbon-Vanille-Zucker
1 Ei (Größe M)
250 g Weizenmehl
½ gestr. TL Backpulver

ZUM VERZIEREN:

200 g weiße Schokolade, 1 TL Speiseöl
2–3 EL Nonpareilles
30–50 essbare Diamanten (aus Zucker)
2–3 EL Zuckerperlen

ZUSÄTZLICH

Ausstecher in Sternen- und Eiskristallform

PRO STÜCK:

E: 1 g, F: 5 g, Kh: 14 g, kcal: 102

1. Zum Vorbereiten die Schokolade in Stücke hacken, in einem kleinen Topf im Wasserbad bei schwacher Hitze unter Rühren schmelzen. Schokolade lauwarm abkühlen lassen.

2. Für den Teig Butter mit einem Mixer (Rührstäbe) geschmeidig rühren. Nach und nach Zucker, Salz und Vanille-Zucker unterrühren. Nacheinander das Ei und die lauwarme Schokoladenmasse unterrühren.

3. Mehl mit Backpulver mischen. Etwa die Hälfte davon mit dem Mixer (Rührstäbe) unter die Teigmasse rühren. Restliches Mehlgemisch mit den Händen unterkneten. Die Teigmasse auf der leicht bemehlten Arbeitsfläche kurz zu einem glatten Teig verkneten. Den Teig in 2 Portionen teilen, etwas flach drücken und jeweils in Frischhaltefolie gewickelt etwa 60 Minuten in den Kühlschrank legen.

4. Den Backofen vorheizen.
Ober-/Unterhitze: etwa 180 °C
Heißluft: etwa 160 °C

5. Die Teighälften nacheinander jeweils auf der leicht bemehlten Arbeitsfläche 3–5 mm dick ausrollen und mit Ausstechformen Sterne und Eiskristalle ausstechen. Die Teigplätzchen nebeneinander auf Backbleche (leicht gefettet, mit Backpapier belegt) setzen.

6. Die Backbleche nacheinander (bei Heißluft zusammen) in den vorgeheizten Backofen schieben. Die Plätzchen **10–15 Minuten je Backblech backen.**

7. In der Zwischenzeit zum Verzieren die weiße Schokolade hacken, mit Speiseöl (wie unter Punkt 1 beschrieben) schmelzen.

8. Die Plätzchen mit dem Backpapier von den Backblechen auf Kuchenroste ziehen und erkalten lassen.

9. Die Plätzchen auf der Oberfläche mit der Schokolade bestreichen. Mit Nonpareilles, essbaren Diamanten und Zuckerperlen verzieren.

VARIANTE:

Alternativ lassen sich die Plätzchen auch mit Zitronenkuchenglasur bestreichen und mit kandierten Rosenblütenblättern oder Jasminblüten garnieren.

DINKEL-BUTTERKEKSE

Zubereitungszeit: 25 Minuten, ohne Abkühlzeit
Backzeit: etwa 15 Minuten je Backblech

ZUTATEN FÜR ETWA 40 STÜCK

FÜR DEN ALL-IN-TEIG:

150 g Butter (zimmerwarm)
200 g Dinkelmehl (Type 630)
½ TL Backpulver
1 Prise Salz
100 g brauner Zucker
1 Pck. Bourbon-Vanille-Zucker
1 Eiweiß (Größe M)
2 EL Milch

ZUM BESTREICHEN:

1 Eigelb
1 EL Milch

PRO STÜCK:

E: 1 g, F: 3 g, Kh: 6 g, kcal: 58

1. Für den Teig in einem Topf 100 g Butter bei mittlerer Hitze zerlassen und leicht bräunen lassen. Topf von der Kochstelle nehmen. Butter etwas abkühlen lassen. Restliche Butter unterrühren.

2. Den Backofen vorheizen.
Ober-/Unterhitze: etwa 180 °C
Heißluft: etwa 160 °C

3. Mehl mit Backpulver in einer Rührschüssel mischen. Salz, braunen Zucker, Vanille-Zucker, Eiweiß, Milch und die Butter hinzufügen und mit einem Mixer (Rührstäbe) zunächst kurz auf niedrigster, dann auf höchster Stufe in etwa 2 Minuten zu einem glatten Teig verarbeiten.

4. Den Teig mit 2 Teelöffeln in walnussgroßen Häufchen mit etwas Abstand auf 2 Backbleche (gefettet, mit Backpapier belegt) setzen.

5. Zum Bestreichen das Eigelb mit Milch verschlagen. Die Teighäufchen damit bestreichen.

6. Die Backbleche nacheinander (bei Heißluft zusammen) in den vorgeheizten Backofen schieben. Die Kekse **etwa 15 Minuten backen.**

7. Die Backbleche mit dem Backpapier auf Kuchenroste ziehen. Kekse erkalten lassen.

DINKEL-ROGGEN-TALER

Zubereitungszeit: 40 Minuten,
ohne Teiggeh- und Abkühlzeit
Backzeit: etwa 25 Minuten je Backblech

ZUTATEN FÜR ETWA 35 STÜCK

FÜR DEN HEFETEIG:

200 g Dinkel-Vollkornmehl
1 gestr. TL Salz
1 Pck. Trockenbackhefe
1 TL flüssiger Honig
200 ml lauwarmes Wasser, 1 EL Speiseöl
150 g Roggenmehl (Type 1150)
1 gestr. TL gem. Anissamen
2 gestr. TL Kümmelsamen
2 EL Obstessig

ZUM BESTÄUBEN:

etwas Dinkel-Vollkornmehl

ZUSÄTZLICH:

Ausstechform rund (Ø etwa 8 cm)

PRO STÜCK:

E: 1 g, F: 1 g, Kh: 7 g, kcal: 39

1. Für den Teig Dinkelmehl, Salz und Trockenbackhefe sorgfältig in einer Rührschüssel vermischen. Honig, Wasser und Speiseöl hinzufügen. Die Zutaten mit einem Mixer (Knethaken) zunächst kurz auf niedrigster, dann auf höchster Stufe in etwa 5 Minuten zu einem dickflüssigen, glatten Teig verarbeiten.

2. Den Teig mit Vollkornmehl bestäuben und zugedeckt so lange an einem warmen Ort gehen lassen, bis er sich sichtbar vergrößert hat (etwa 40 Minuten).

3. Roggenmehl mit Anis und Kümmel mischen, mit dem Essig zum gegangenen Teig geben und mit dem Mixer (Knethaken) nochmals etwa 5 Minuten durchkneten. Den Teig portionsweise auf der bemehlten Arbeitsfläche etwa 2 mm dick ausrollen und mit einer runden Ausstechform etwa 35 Taler ausstechen.

4. Teigtaler auf Backbleche (mit Backpapier belegt) legen und nochmals zugedeckt so lange an einem warmen Ort gehen lassen, bis sie sich sichtbar vergrößert haben (etwa 40 Minuten).

5. In der Zwischenzeit den Backofen vorheizen.
Ober-/Unterhitze: etwa 200 °C
Heißluft: etwa 180 °C

6. Die einzelnen Teigtaler mit einem scharfen Messer mehrmals kreuzweise einritzen (nicht drücken). Die Backbleche nacheinander (bei Heißluft zusammen) in den vorgeheizten Backofen schieben und die Dinkel-Roggentaler **etwa 15 Minuten je Backblech backen.**

7. Nach etwa 15 Minuten Backzeit die Backtemperatur herunterschalten auf Ober-/Unterhitze: etwa 160 °C, Heißluft: etwa 140 °C. Die Taler in weiteren **etwa 10 Minuten fertig backen**. Anschließend die Taler vom Backpapier nehmen und auf einem Kuchenrost erkalten lassen.

TIPP:

Wenn die Backbleche nacheinander in den Backofen geschoben werden, sollten die Teigtaler bis zum Backen zugedeckt werden.

DUFTIGE LAVENDEL-LIMETTEN PLÄTZCHEN

Zubereitungszeit: 50 Minuten, ohne Kühl- und Abkühlzeit
Backzeit: etwa 12 Minuten je Backblech

ZUTATEN FÜR 70–80 STÜCK

FÜR DEN TEIG:

250 g Butter
125 g gesiebter Puderzucker
1 Pck. Bourbon-Vanille-Zucker
abger. Schale von 1 Bio-Limette (unbehandelt, ungewachst)
2 EL Limettensaft
abger. Schale von ½ Bio-Zitrone (unbehandelt, ungewachst)
300 g Weizenmehl
50 g gehobelte Mandeln

FÜR DEN GUSS:

150 g gesiebter Puderzucker
1 TL ger. Schale von 1 Bio-Limette (unbehandelt, ungewachst)
2–3 EL Limettensaft

4–6 EL getrocknete Lavendelblüten

ZUSÄTZLICH:

Ausstecher, z.B. in Blütenform (Größe 3–5 cm)

PRO STÜCK:

E: 1 g, F: 3 g, Kh: 7 g, kcal: 62

1. Für den Teig Butter zerlassen und abkühlen lassen. Anschließend die Butter mit einem Mixer (Rührstäbe) aufschlagen. Nach und nach esslöffelweise den Puderzucker unterrühren, bis eine weiß- schaumige Masse entstanden ist. Vanille-Zucker mit Limettenschale, -saft und Zitronenschale unterrühren. Mehl mit Mandeln mischen und zwei Drittel davon unterrühren. Restliches Mehlgemisch mit den Händen unterkneten.

2. Den Teig in 2 Portionen teilen, flach formen und jeweils in Frischhaltefolie gewickelt etwa 45 Minuten in den Kühlschrank legen.

3. Den Backofen vorheizen.
Ober-/Unterhitze: etwa 180 °C
Heißluft: etwa 160 °C

4. Die Teigportionen jeweils zwischen 2 leicht bemehlten Bogen Backpapier etwa 3 mm dick ausrollen und mit beliebigen Ausstechformen Motive ausstechen. Die Plätzchen mit etwas Abstand auf Backbleche (leicht gefettet, mit Backpapier belegt) setzen. Schnell arbeiten, damit der Teig nicht zu weich wird. Ansonsten den Teig immer wieder kurz in den Kühlschrank legen.

5. Die Backbleche nacheinander (bei Heißluft zusammen) in den vorgeheizten Backofen schieben. Die Plätzchen **etwa 12 Minuten je Backblech backen.** Die Plätzchen mit dem Backpapier von den Backblechen auf Kuchenroste ziehen. Plätzchen erkalten lassen.

6. Für den Guss den Puderzucker mit Limettenschale und -saft glatt rühren. Die Plätzchen damit bestreichen und mit den Lavendelblüten bestreuen. Vorsichtig beim Bestreichen mit dem Guss: Die Plätzchen sind knusprig, mürbe und zerbrechen leicht!

VARIANTE:

Die Limetten- und Zitronenzutaten durch Orangenschale bzw. -saft ersetzen. Dann zum Bestreuen statt Lavendelblüten ein wenig zerbröselte Rosa Pfefferbeeren verwenden.

ELISEN-LEBKUCHEN

Zubereitungszeit: etwa 60 Minuten, ohne Kühl- und Abkühlzeit
Backzeit: etwa 25 Minuten je Backblech
Haltbarkeit: etwa 2 Wochen in gut schließenden Dosen

ZUTATEN FÜR ETWA 30 STÜCK

FÜR DEN TEIG:

100 g Orangeat oder Zitronat (Sukkade)
2 Eier (Größe M)
200 g brauner Zucker
1 Pck. Vanillin-Zucker
1 Msp. gem. Gewürznelken
½ Röhrchen flüssiges Rum-Aroma
1–2 Tropfen Zitronen-Aroma (aus dem Röhrchen)
125 g nicht abgezogene, gem. Mandeln
1 Msp. Backpulver
etwa 100 g gem. Haselnusskerne
etwa 30 Backoblaten (Ø etwa 7 cm)

FÜR DEN HELLEN GUSS:

150 g Puderzucker
1–2 EL heißes Wasser

FÜR DEN DUNKLEN GUSS:

75 g Zartbitter-Schokolade
1 TL Speiseöl, z. B. Sonnenblumenöl

PRO STÜCK:

E: 2 g, F: 6 g, Kh: 17 g, kcal: 127

1. Den Backofen vorheizen.
Ober-/Unterhitze: etwa 140 °C
Heißluft: etwa 120 °C

2. Für den Teig Orangeat oder Zitronat fein würfeln. Eier mit Mixer (Rührstäbe) auf höchster Stufe in 1 Minute schaumig schlagen. Zucker mit Vanillin-Zucker mischen, in 1 Minute einstreuen, dann noch etwa 2 Minuten schlagen. Gewürznelken und Aromen unterrühren.

3. Mandeln mit Backpulver mischen und mit Orangeat oder Zitronat und so viel von den Haselnusskernen kurz auf niedrigster Stufe unter die Eiercreme rühren, dass der Teig noch streichfähig ist.

4. Auf jede Oblate 1 Esslöffel Teig geben, mit einem in Wasser getauchten Messer kuppelförmig verstreichen. Oblaten auf Backbleche (mit Backpapier belegt) legen.

5. Die Backbleche nacheinander (bei Heißluft zusammen) in den vorgeheizten Backofen schieben. Die Oblaten **etwa 25 Minuten backen.**

6. Für den hellen Guss Puderzucker sieben und mit heißem Wasser glatt rühren, sodass ein dickflüssiger Guss entsteht. Die Hälfte der Lebkuchen gleich nach dem Backen mit hellem Guss bestreichen und auf einem Kuchenrost erkalten lassen. Die Lebkuchen ohne Guss ebenfalls auf einem Kuchenrost erkalten lassen.

7. Für den dunklen Guss Schokolade in Stücke brechen und mit dem Öl im Wasserbad bei schwacher Hitze unter Rühren schmelzen. Die erkalteten übrigen Lebkuchen mit dunklem Guss bestreichen und den Guss fest werden lassen.

EMMER-PFLAUMEN-KEKSE

Zubereitungszeit: 40 Minuten, ohne Kühl- und Abkühlzeit
Backzeit: etwa 10 Minuten je Backblech
Kühlzeit: etwa 1 Stunde
Haltbarkeit: etwa 3 Wochen

ZUTATEN FÜR 60 STÜCK

ZUM VORBEREITEN:

100 g getrocknete Pflaumen
100 ml Wasser

FÜR DEN TEIG:

100 g Butter
50 g brauner Zucker
1 Prise Salz
1 Eigelb (Größe M)
200 g Emmermehl (erhältlich im Reformhaus oder Bioladen)
1 TL gem. Zimt
½ gestr. TL Backpulver

ZUM GARNIEREN:

5 EL Milch
3 EL gehackte Mandeln

PRO STÜCK:

E: 1 g, F: 2 g, Kh: 4 g, kcal: 37

1. Zum Vorbereiten die Pflaumen fein hacken und mit dem Wasser in einem Topf kurz aufkochen. Den Topf von der Kochstelle nehmen. Die Pflaumenmasse abkühlen lassen.

2. Für den Teig Butter, Zucker, Salz und Eigelb in einer Rührschüssel mit einem Mixer (Knethaken) auf niedrigster Stufe in 3–4 Minuten zu einem Teig verkneten. Die Pflaumenmasse hinzufügen und kurz unterarbeiten.

3. Emmermehl mit Zimt und Backpulver mischen. Die Mehlmischung auf die Butter-Pflaumen-Masse geben und mit den Händen schnell zu einem Teig verkneten. Den Teig in Frischhaltefolie gewickelt etwa 1 Stunde in den Kühlschrank legen.

4. Den Backofen vorheizen.
Ober-/Unterhitze: etwa 180 °C
Heißluft: etwa 160 °C

5. Den Teig kurz durchkneten und in 2 gleich große Portionen teilen. Jede Teigportion zu einer etwa 30 cm langen Rolle formen und diese in etwa 1 cm dicke Scheiben schneiden.

6. Die Teigscheiben zu Kugeln formen und mit etwas Abstand auf Backbleche (gefettet, mit Backpapier belegt) legen. Dabei genügend Abstand zwischen den Teigkugeln lassen. Die Kugeln etwas flach drücken.

7. Zum Garnieren mit einer Gabel ein Muster in die Kekse drücken. Die Kekse mit Milch bestreichen und mit Mandeln bestreuen. Die Backbleche nacheinander (bei Heißluft zusammen) in den vorgeheizten Backofen schieben. Die Kekse **etwa 10 Minuten je Backblech backen.**

8. Die Emmer-Pflaumen-Kekse mit dem Backpapier von den Backblechen auf Kuchenroste ziehen und erkalten lassen.

ERDNUSSPLÄTZCHEN MIT TOFFEE-GLASUR

Zubereitungszeit: 50 Minuten, ohne Kühl- und Abkühlzeit
Backzeit: 10–15 Minuten je Backblech

ZUTATEN FÜR 60 STÜCK

FÜR DEN TEIG:

100 g geröstete, ungesalzene Erdnusskerne
250 g Weizenmehl
1 Msp. Backpulver
150 g Erdnusscreme mit Erdnussstückchen
100 g Puderzucker
100 g Butter oder Margarine (zimmerwarm)
1 Ei (Größe M)

ZUM BESTREUEN:

30 g geröstete, gesalzene Erdnusskerne

FÜR DIE TOFFEE-GLASUR:

30 g Butter
50 g Zucker
1 EL flüssiger Honig
2–3 EL Schlagsahne

PRO STÜCK:

E: 2 g, F: 4 g, Kh: 7 g, kcal: 72

1. Für den Teig ungesalzene Erdnusskerne fein hacken. Mehl und Backpulver mischen. Erdnusscreme, Puderzucker, Butter oder Margarine und Ei in eine Rührschüssel geben und mit einem Mixer (Rührstäbe) auf niedrigster Stufe verrühren.

2. Das Mehlgemisch hinzufügen und mit den Händen unterkneten. Fein gehackte Erdnusskerne unterarbeiten. Den Teig auf der bemehlten Arbeitsfläche zu 2 etwa 30 cm langen Rollen formen. Die Rollen in Frischhaltefolie gewickelt mindestens 2 Stunden in den Kühlschrank stellen.

3. Den Backofen vorheizen.
Ober-/Unterhitze: etwa 180 °C
Heißluft: etwa 160 °C

4. Die Teigrollen in knapp 1 cm dicke Scheiben schneiden und auf Backbleche (leicht gefettet, mit Backpapier belegt) setzen. Die Backbleche nacheinander (bei Heißluft zusammen) in den vorgeheizten Backofen schieben. Die Plätzchen **10–15 Minuten je Backblech backen.**

5. Die Plätzchen mit dem Backpapier von den Backblechen auf Kuchenroste ziehen und erkalten lassen. Gesalzene Erdnusskerne grob hacken.

6. Für die Glasur Butter, Zucker, Honig und Sahne in einem Topf verrühren, langsam erhitzen und so lange kochen lassen, bis der Zucker sich gelöst hat und die Masse goldbraun ist.

7. Die warme Glasur mithilfe eines Teelöffels dünn auf den Plätzchen verteilen, mit den gehackten, gesalzenen Erdnusskernen bestreuen und die Glasur fest werden lassen.

TIPP:

Auf die fast fest gewordene Glasur mittig je ein Schokoladen-Tröpfchen oder Kuvertüre-Chip anstelle der gehackten Erdnusskerne setzen.

ESPRESSO-COOKIES

Zubereitungszeit: 60 Minuten, ohne Abkühlzeit
Backzeit: 18–20 Minuten je Backblech

ZUTATEN FÜR 48 STÜCK

ZUM VORBEREITEN:

2 gestr. EL lösliches Espressopulver
2 EL kochendes Wasser
100 g Edelbitter-Schokolade (mind. 70 % Kakao)

FÜR DEN RÜHRTEIG:

225 g Butter oder Margarine (zimmerwarm)
150 g Zucker
1 Prise Salz
1 Pck. Bourbon-Vanille-Zucker
250 g Weizenmehl
1 gestr. TL Backpulver

ZUM DEKORIEREN:

24 Schoko-Kaffeebohnen
1 TL neutrales Speiseöl, z. B. Sonnenblumenöl
etwa 50 g Kuvertüre (weiß)

PRO STÜCK:

E: 1 g, F: 5 g, Kh: 9 g, kcal: 83

1. Zum Vorbereiten Espressopulver in kochendem Wasser auflösen, gut verrühren und erkalten lassen. Schokolade auf der Haushaltsreibe raspeln oder mit einem Messer sehr fein hacken.

2. Den Backofen vorheizen.
Ober-/Unterhitze: etwa 180 °C
Heißluft: etwa 160 °C.

3. Für den Teig Butter oder Margarine in einer Rührschüssel mit einem Mixer (Rührstäbe) auf höchster Stufe geschmeidig rühren. Nach und nach Zucker, Salz und Vanille-Zucker unterrühren. Erkalteten Espresso auf kleiner Stufe unterrühren. So lange rühren, bis eine gebundene Masse entstanden ist.

4. Mehl mit Backpulver mischen und in 2 Portionen auf mittlerer Stufe kurz unterrühren. Geraspelte oder gehackte Schokolade unterrühren.

5. Von dem Teig mit 2 Teelöffeln walnussgroße, runde Häufchen auf Backbleche (gefettet, mit Backpapier belegt) mit etwas Abstand setzen. Auf 24 Teighäufchen je eine Schoko-Kaffeebohne in die Mitte geben und leicht festdrücken.

6. Die Backbleche nacheinander (bei Heißluft zusammen) in den vorgeheizten Backofen schieben. Die Espresso-Cookies **18–20 Minuten je Backblech backen.**

7. In der Zwischenzeit Kuvertüre mit dem Öl im heißen Wasserbad bei schwacher Hitze schmelzen.

8. Backbleche aus dem Ofen nehmen. Die Cookies mit dem Backpapier auf Kuchenroste ziehen und erkalten lassen. Die Cookies noch auf dem Backpapier mit der geschmolzenen Kuvertüre besprenkeln. Kuvertüre trocknen lassen.

ESPRESSO-SPRINGERLE

Zubereitungszeit: 35 Minuten, ohne Abkühlzeit
Trockenzeit: 12-18 Stunden
Backzeit: etwa 15 Minuten
Haltbarkeit: etwa 3 Wochen

ZUTATEN FÜR 24 STÜCK

FÜR DEN TEIG:

2 Eier (Größe M)
220 g Puderzucker
220 g Weizenmehl
3–4 gestr. TL Instant-Espressopulver

PRO STÜCK:

E: 2 g, F: 1 g, Kh: 17 g, kcal: 78

1. Für den Teig die Eier in einer Rührschüssel mit dem Mixer (Rührstäbe) auf höchster Stufe schaumig schlagen. Puderzucker hinzugeben und so lange auf höchster Stufe weiterschlagen, bis eine luftig-schaumige Creme entstanden ist.

2. Das Mehl kurz auf mittlerer Stufe unterrühren. 2 Esslöffel von dem Teig abnehmen und zugedeckt beiseitelegen. Espressopulver unter den restlichen Teig kneten. Den Teig auf der leicht bemehlten Arbeitsfläche zu einem Rechteck (etwa 30 x 20 cm) ausrollen und auf ein Backblech (30 x 40 cm, mit Backpapier belegt) legen. Die Teigplatte in etwa 5 cm große Quadrate schneiden. Die Quadrate auf dem Backblech verteilen.

3. Beiseitegelegten Teig auf der bemehlten Arbeitsfläche zu einem Rechteck (etwa 15 x 10 cm) ausrollen und anschließend in etwa 2 ½ cm große Quadrate schneiden. Die auf dem Backblech verteilten großen Quadrate in der Mitte dünn mit etwas Wasser bestreichen und mit den kleinen Quadraten belegen, leicht andrücken.

4. Das Backblech mit den Teigstücken **12–18 Stunden in einen gut belüfteten Raum stellen, damit die Oberfläche trocknet.**

5. Den Backofen vorheizen.
Ober-/Unterhitze: etwa 140 °C
Heißluft: etwa 120 °C

6. Das Backblech in den vorgeheizten Backofen (unterste Einschubleiste) schieben. Das Gebäck **etwa 15 Minuten backen.** Dabei sollte die Oberfläche hell bleiben.

7. Das Backblech auf einen Kuchenrost stellen. Das Gebäck vom Backblech nehmen und auf einem Kuchenrost erkalten lassen.

TIPP:

Damit die Springerle nicht hart werden, die Kekse erst offen stehen lassen, damit sie etwas Feuchtigkeit aufnehmen können. Anschließend in gut schließenden Dosen aufbewahren.

FEIGEN-PFEFFER-CANTUCCINI

Zubereitungszeit: 40 Minuten, ohne Abkühlzeit
Backzeit: etwa 60 Minuten
Haltbarkeit: etwa 1 Woche in gut schließenden Blechdosen, kühl und trocken aufbewahrt

ZUTATEN FÜR 18 STÜCK

ZUM VORBEREITEN:

150 g getrocknete Feigen (keine Soft-Feigen)
2 EL frische Rosmarinnadeln

FÜR DEN TEIG:

200 g Weizenmehl
½ TL Backpulver
1 EL Senfpulver
3 EL Mohnsamen
1 EL grob gem. schwarzer Pfeffer
½ TL Salz
25 g fein ger. Parmesan
35 g Butter (kalt)
1 Ei (Größe M)
60 ml Milch (3,5 % Fett)
45 g gehackte, geröstete Haselnusskerne

ZUM BESTREICHEN:

1 Eigelb
1 EL fein geriebener Parmesan

PRO STÜCK:

E: 4 g, F: 6 g, Kh: 14 g, kcal: 125

1. Zum Vorbereiten die Feigen in etwa 1 cm große Stücke schneiden. Rosmarin fein hacken.

2. Den Backofen vorheizen.
Ober-/Unterhitze: etwa 180 °C
Heißluft: etwa 160 °C

3. Für den Teig das Mehl mit Backpulver, Senfpulver, Mohn, Pfeffer, Salz, Parmesan und dem vorbereiteten Rosmarin vermischen. Die kalte Butter in etwa 1 cm große Würfel schneiden, daraufgeben. Die Zutaten mit einem Mixer (Knethaken) zunächst kurz auf niedrigster, dann auf höchster Stufe zu einem grob krümeligen Teig verarbeiten, dabei nicht zu lange kneten. Das Ei mit der Milch verquirlen und dazugeben. Die Zutaten kurz verkneten, sodass ein elastischer Teig entsteht.

4. Den Teig auf die leicht bemehlte Arbeitsfläche geben. Die Feigen und die Haselnusskerne mit den Händen kurz und gleichmäßig unterkneten. Anschließend den Teig zu einer Rolle (Ø etwa 5 cm, etwa 35 cm lang) formen. Die Teigrolle auf ein Backblech (mit Backpapier belegt) legen.

5. Zum Bestreichen das Eigelb verquirlen. Die Teigrolle damit bestreichen und mit Parmesan bestreuen. Das Backblech in den vorgeheizten Backofen schieben (unteres Drittel). Die Teigrolle **etwa 30 Minuten backen.**

6. Das Backblech auf einen Kuchenrost stellen. Das Gebäck etwa 10 Minuten abkühlen lassen. Den Backofen um etwa 20 °C herunterschalten.

7. Das Gebäck mit einem Sägemesser leicht schräg in 18 gleich große Scheiben schneiden. Die Gebäckscheiben mit der Schnittfläche nach unten nebeneinander auf das Backblech legen. Die Cantuccini in weiteren **etwa 30 Minuten fertig backen.** Dabei die Cantuccini nach 15 Minuten einmal umdrehen.

8. Die Cantuccini mit dem Backpapier von dem Backblech auf einen Kuchenrost ziehen und erkalten lassen.

FRUCHTIGE SHORTBREAD-STREIFEN

Zubereitungszeit: 30 Minuten, ohne Abkühlzeit
Backzeit: 20–25 Minuten
Haltbarkeit: Etwa 3 Wochen
in gut schließenden Dosen

ZUTATEN FÜR 80 STÜCK

FÜR DEN KNETTEIG:

100 g gewürfeltes Orangeat
50 g kandierter Ingwer
1 Bio-Limette (unbehandelt, ungewachst)
370 g Weizenmehl
30 g Speisestärke
120 g Zucker
1 Prise Salz
1 Ei (Größe M)
250 g Butter oder Margarine

FÜR DEN GUSS:

100 g Puderzucker
1–2 EL Wasser oder Zitronensaft

ZUM GARNIEREN:

Zuckersterne oder -herzen

ZUSÄTZLICH:

Gezacktes Teigrädchen

PRO STÜCK:

E: 1 g, F: 3 g, Kh: 7 g, kcal: 55

1. Für den Teig Orangeat und Ingwer fein hacken. Die Limette heiß abwaschen, abtrocknen und die Schale abreiben. Die Limette halbieren und den Saft auspressen. Ingwer mit Orangeat und Limettenschale mischen.

2. Den Backofen vorheizen.
Ober-/Unterhitze: etwa 180 °C
Heißluft: etwa 160 °C

3. Mehl mit Speisestärke in einer Rührschüssel mischen. Orangeat-Ingwer-Mischung, Limettensaft, Zucker, Salz, Ei und Butter oder Margarine hinzufügen. Die Zutaten mit einem Mixer (Knethaken) zunächst kurz auf niedrigster, dann auf höchster Stufe gut durcharbeiten. Anschließend auf einer leicht bemehlten Arbeitsfläche zu einem glatten Teig verkneten.

4. Den Teig auf einem Backblech (30 x 40 cm, gefettet) ausrollen. Mit dem Teigrädchen ein dichtes, diagonales Karo leicht in den Teig rollen. Das Backblech in den vorgeheizten Backofen schieben. Die Gebäckplatte **20–25 Minuten backen.**

5. Das Backblech auf einen Kuchenrost stellen. Das Gebäck etwas abkühlen lassen und in Rechtecke (etwa 3 x 5 cm) schneiden. Gebäck erkalten lassen.

6. Für den Guss Puderzucker mit so viel Wasser oder Zitronensaft verrühren, dass ein dickflüssiger Guss entsteht. Den Guss in einen kleinen Gefrierbeutel füllen und eine Ecke abschneiden. Dicke Streifen auf die Gebäckstreifen spritzen. Den Guss sofort mit Zuckersternen oder -herzen bestreuen. Guss fest werden lassen.

GEFÜLLTE CHARDONNAY-KRINGEL

Zubereitungszeit: 25 Minuten, ohne Abkühlzeit
Backzeit: etwa 20 Minuten je Backblech
▲ mit Alkohol

ZUTATEN FÜR ETWA 30 STÜCK

FÜR DEN RÜHRTEIG:

120 g Butter oder Margarine (zimmerwarm)
120 g Puderzucker
1 Prise Salz
1 Eigelb (Größe M)
4 EL Chardonnay Weißwein
180 g Weizenmehl
30 g Speisestärke

FÜR DIE FÜLLUNG:

70 g weiche Butter
120 g Puderzucker
1 EL Chardonnay Weißwein

ZUSÄTZLICH:

Spritzbeutel mit Sterntülle (etwa Ø 8 mm)

PRO STÜCK:

E: 1 g, F: 6 g, Kh: 13 g, kcal: 107

1. Den Backofen vorheizen.
Ober-/Unterhitze: etwa 160 °C
Heißluft: etwa 140 °C

2. Für den Teig Butter oder Margarine mit Mixer mit Rührbesen auf höchster Stufe geschmeidig rühren. Nach und nach Puderzucker und Salz unterrühren. So lange rühren, bis eine gebundene Masse entstanden ist. Erst das Eigelb, dann den Wein unterrühren. Mehl mit Speisestärke mischen und kurz auf mittlerer Stufe unterrühren.

3. Die Hälfte des Teiges in den Spritzbeutel füllen. Auf Backbleche (gefettet, mit Backpapier belegt) mit Abstand Kreise (Ø etwa 4 cm) aufspritzen. Restlichen Teig ebenso verarbeiten, insgesamt etwa 60 Kreise aufspritzen. Die Backbleche nacheinander (bei Heißluft zusammen) in den vorgeheizten Backofen schieben. Die Plätzchen **etwa 20 Minuten backen.**

4. Die Kringel mit dem Backpapier auf Kuchenroste ziehen und erkalten lassen.

5. Für die Füllung Butter schaumig rühren, Puderzucker dazugeben und weiter schaumig rühren, den Wein kurz unterrühren. Die Creme in einen Gefrierbeutel füllen und eine kleine Ecke abschneiden.

6. Die Hälfte der Chardonnay-Kringel mit der Unterseite nach oben auf ein Backblech legen. Die Creme auf die Kringel spritzen und mit den restlichen Kringeln bedecken. Dabei die Kringel mit der Unterseite nach unten auf die Creme legen und leicht andrücken. Die gefüllten Chardonnay-Kringel in einer gut schließenden Dose kühl und trocken aufbewahren.

GEFÜLLTE KAFFEEHERZEN

Zubereitungszeit: 50 Minuten, ohne Abkühlzeit
Backzeit: etwa 10 Minuten je Backblech

ZUTATEN FÜR ETWA 45 STÜCK

FÜR DEN KNETTEIG:

250 g Weizenmehl
½ gestr. TL Backpulver
130 g Zucker
1 Prise Salz
1 Pck. Bourbon-Vanille-Zucker
1 Eigelb (Größe M)
200 g Butter oder Margarine

FÜR DIE FÜLLUNG:

150 g weiße Schokolade
5 EL Schlagsahne (etwa 60 g)
1 EL Kaffee- oder Espressobohnen (etwa 10 g)

ZUSÄTZLICH:

Herzausstecher (etwa 5 cm groß)

PRO STÜCK:

E: 1 g, F: 5 g, Kh: 9 g, kcal: 88

1. Für den Teig Mehl mit Backpulver in einer Rührschüssel mischen. Zucker, Salz, Vanille-Zucker, Eigelb und Butter oder Margarine hinzufügen und alles mit einem Mixer (Knethaken) zunächst kurz auf niedrigster, dann auf höchster Stufe gut durcharbeiten.

2. Anschließend den Teig auf der leicht bemehlten Arbeitsfläche kurz verkneten. Sollte er kleben, den Teig in Folie gewickelt eine Zeit lang kalt stellen.

3. Backofen vorheizen.
Ober-/Unterhitze: etwa 180 °C
Heißluft: etwa 160 °C

4. Den Teig portionsweise auf der leicht bemehlten Arbeitsfläche sehr dünn ausrollen. Mit dem Ausstecher etwa 90 Herzen ausstechen. Die Teigherzen auf Backbleche (gefettet, mit Backpapier belegt) legen.

5. Die Backbleche nacheinander (bei Heißluft zusammen) in den vorgeheizten Backofen schieben. Die Herzen **etwa 10 Minuten backen.**

6. Die Herzen mit dem Backpapier auf Kuchenroste ziehen und erkalten lassen.

7. Für die Füllung Schokolade hacken und mit der Sahne in einem Topf im Wasserbad bei schwacher Hitze unter Rühren schmelzen. Kaffee- oder Espressobohnen fein hacken und unter die Schokoladenmasse rühren. Die Masse in einen kleinen Gefrierbeutel füllen und eine kleine Ecke abschneiden.

8. Die Hälfte der Herzen mit der Unterseite nach oben auf ein Backblech legen. Die Füllung in Herzform darauf spritzen. Restliche Herzen darauflegen und leicht andrücken. Füllung fest werden lassen.

GEWÜRZPLÄTZCHEN

Zubereitungszeit: 40 Minuten
Kühlzeit: mind. 3 Stunden oder über Nacht
Backzeit: etwa 12 Minuten je Backblech
Haltbarkeit: 3–4 Wochen

ZUTATEN FÜR 60 STÜCK

FÜR DEN KNETTEIG:

250 g Weizenmehl
½ TL Bachpulver
1 Pck. Weihnachtsaroma
120 g Zucker
1 Pck. Vanillin-Zucker
170 g Butter oder Margarine
50 g abgezogene, gem. Mandeln
3–4 EL Schlagsahne

PRO STÜCK:

E: 1 g, F: 3 g, Kh: 5 g, kcal: 51

1. Für den Teig Mehl mit Backpulver in einer Rührschüssel mischen. Restliche Zutaten hinzufügen und mit einem Mixer (Knethaken) zunächst kurz auf niedrigster, dann auf höchster Stufe gut durcharbeiten.

2. Anschließend auf der leicht bemehlten Arbeitsfläche kurz zu einem Teig verkneten. Aus dem Teig eine etwa 30 cm lange Rolle formen. Die Teigrolle in Frischhaltefolie gewickelt mindestens 3 Stunden oder am besten über Nacht in den Kühlschrank legen.

3. Den Backofen vorheizen.
Ober-/Unterhitze: etwa 180 °C
Heißluft: etwa 160 °C

4. Die Teigrolle in etwa ½ cm dicke Scheiben schneiden. Dabei die Rolle immer wieder drehen, damit die Scheiben gleichmäßig abgeschnitten werden (Rolle zwischendurch evtl. nochmals in den Kühlschrank legen).

5. Die Teigscheiben mit etwas Abstand auf Backbleche (gefettet, mit Backpapier belegt) legen. Dabei genügend Abstand zwischen den Plätzchen lassen. Die Backbleche nacheinander (bei Heißluft zusammen) in den vorgeheizten Backofen schieben. Die Plätzchen **etwa 12 Minuten je Backblech backen.**

6. Die Plätzchen mit dem Backpapier auf Kuchenroste ziehen. Plätzchen erkalten lassen.

TIPP:

Sie können die Rolle auch etwa 1 Stunde in den Gefrierschrank legen, statt sie mehrere Stunden im Kühlschrank zu kühlen. Ist die Rolle gut durchgekühlt, lässt sie sich auch mit einer Aufschnitt- oder Brotschneidemaschine in Scheiben schneiden.

VARIANTE:

Erkaltete Gewürzplätzchen mit geschmolzener, dunkler Kuvertüre besprenkeln.

GEWÜRZSTREUSEL

Zubereitungszeit: 25 Minuten, ohne Abkühlzeit
Backzeit: etwa 15 Minuten je Backblech
Haltbarkeit: etwa 2 Wochen
in gut schließenden Dosen

ZUTATEN FÜR ETWA 40 STÜCK

FÜR DEN STREUSELTEIG:

200 g Weizenmehl
1 Msp. Backpulver
1 Msp. gem. Zimt
½ TL gem. Kardamom
½ TL gem. Ingwer
½ TL gem. Nelken
80 g brauner Zucker
2 EL kaltes Wasser
100 g Butter oder Margarine (zimmerwarm)
40 g gehobelte Haselnusskerne

PRO STÜCK:

E: 1 g, F: 3 g, Kh: 6 g, kcal: 50

1. Den Backofen vorheizen.
Ober-/Unterhitze: etwa 180 °C
Heißluft: etwa 160 °C

2. Für den Teig Mehl mit Backpulver und Gewürzen mischen und in eine Rührschüssel geben. Braunen Zucker, Wasser und Butter oder Margarine hinzufügen. Die Zutaten mit einem Mixer (Rührstäbe) zunächst kurz auf niedrigster, dann auf höchster Stufe zu Streuseln von gewünschter Größe verarbeiten. (Je länger man rührt, desto größer die Streusel). Zum Schluss die gehobelten Haselnusskerne kurz unterrühren.

3. Den Teig mit 2 Teelöffeln in walnussgroßen Häufchen auf Backbleche (gefettet, mit Backpapier belegt) setzen. Dabei genügend Abstand zwischen den Teighäufchen lassen.

4. Die Backbleche nacheinander (bei Heißluft zusammen) in den vorgeheizten Backofen schieben. Die Gewürzstreusel **etwa 15 Minuten je Backblech backen.**

5. Die Gewürzstreusel mit dem Backpapier von den Backblechen auf Kuchenroste ziehen. Das Gebäck erkalten lassen.

GRANATSPLITTER

- Zubereitungszeit: 50 Minuten, ohne Kühl- und Abkühlzeit
  Backzeit: 8–10 Minuten je Backblech
  Haltbarkeit: 1–2 Wochen

ZUTATEN FÜR 40 STÜCK

FÜR DEN KNETTEIG:

150 g Weizenmehl
1 gestr. TL Backpulver
50 g Zucker, 1 Pck. Vanillin-Zucker
½ Röhrchen flüssiges Rum-Aroma
2 EL Wasser
75 g Butter

FÜR DEN BELAG:

125 g Kokosfett
150 g Zartbitter-Kuvertüre
2 EL Crème fraîche
½ Röhrchen flüssiges Rum-Aroma
100 g gestiftelte Mandeln
etwa 250 g Zartbitter-Kuvertüre
1 EL Speiseöl, z. B. Sonnenblumenöl
evtl. etwas essbares Blattgold

ZUSÄTZLICH:

Ausstechform rund (Ø etwa 4 cm)
Teigrädchen

PRO STÜCK:

E: 2 g, F: 10 g, Kh: 9 g, kcal: 139

1. Für den Teig alle Zutaten in einer Rührschüssel mit einem Mixer (Knethaken) zu einem Teig verkneten.

2. Den Backofen vorheizen.
Ober-/Unterhitze: etwa 180 °C
Heißluft: etwa 160 °C

3. Den Teig portionsweise auf der leicht bemehlten Arbeitsfläche dünn ausrollen und etwa 40 Plätzchen ausstechen. Die Teigreste unregelmäßig zu Plätzchen ausrädern. Alle Teigplätzchen auf Backbleche (gefettet, mit Backpapier belegt) legen. Die Backbleche nacheinander (bei Heißluft zusammen) in den vorgeheizten Backofen schieben. Die Plätzchen **8–10 Minuten je Backblech backen.**

4. Die Plätzchen mit dem Backpapier auf Kuchenroste ziehen und erkalten lassen.

5. Für den Belag Kokosfett in einem Topf zerlassen, lauwarm abkühlen lassen. 150 g der Kuvertüre in kleine Stücke hacken, zu dem Kokosfett geben und unter ständigem Rühren darin schmelzen. Crème fraîche und Rum-Aroma unterrühren.

6. Die ausgeräderten Plätzchen in kleine Stücke brechen, mit den Mandeln unter die Kuvertüremasse rühren. Die Kuvertüremasse 5–10 Minuten in den Kühlschrank stellen, bis sie halbfest ist, dabei ab und zu umrühren. Anschließend die Kuvertüremasse bergförmig auf die runden Plätzchen geben und vorsichtig fest drücken. Die Granatsplitter wieder in den Kühlschrank stellen.

7. Dann 250 g Kuvertüre in kleine Stücke hacken. Zwei Drittel davon mit dem Speiseöl in einem Topf im Wasserbad bei schwacher Hitze unter Rühren schmelzen. Den Topf aus dem Wasserbad nehmen und die restliche Kuvertüre darin unter Rühren schmelzen.

8. Granatsplitter mit der Oberseite in die Kuvertüre tauchen, dann die überschüssige Kuvertüre abtropfen lassen. Granatsplitter auf Backpapier legen und in den Kühlschrank stellen, damit Belag und Guss fest werden.

9. Die Granatsplitter nach Belieben vor dem Servieren mit essbarem Blattgold garnieren. Granatsplitter sehr gut gekühlt servieren.

FÜR
Dich

GRAPEFRUITKEKSE

Zubereitungszeit: 120 Minuten, ohne Kühl- und Abkühlzeit
Backzeit: 8–10 Minuten je Backblech
Haltbarkeit: kühl gestellt etwa 2 Wochen in gut schließenden Dosen

ZUTATEN FÜR ETWA 38 STÜCK

ZUM VORBEREITEN:

1 Bio-Grapefruit (unbehandelt, ungewachst)

FÜR DEN KNETTEIG:

250 g Weizenmehl
120 g Puderzucker
1 Prise Salz
170 g Butter oder Margarine
1 Eigelb (Größe M)
1 EL kaltes Wasser

FÜR DIE 1. FÜLLUNG:

150 g rotes Johannisbeergelee

FÜR DIE 2. FÜLLUNG:

120 g weiße Schokolade
10 g Kokosfett
80 g geröstete, gesalzene Macadamianusskerne

ZUM GARNIEREN:

10 g geröstete, gesalzene Macadamianusskerne
30 g rotes Johannisbeergelee

ZUSÄTZLICH:

Gezacktes Teigrädchen

PRO STÜCK:

E: 1 g, F: 7 g, Kh: 14 g, kcal: 123

1. Zum Vorbereiten die Grapefruit heiß abwaschen, abtrocknen und für den Teig die Schale fein abreiben. Die Grapefruit auspressen, 2 Esslöffel vom Saft für die 1. Füllung beiseitestellen.

2. Für den Teig Mehl, Puderzucker und Salz in einer Rührschüssel vermischen. Butter oder Margarine in kleine Stücke schneiden, zusammen mit der abgeriebenen Grapefruitschale, dem Eigelb und dem kalten Wasser ebenfalls in die Rührschüssel geben.

3. Die Zutaten mit einem Mixer (Knethaken) zunächst kurz auf niedrigster, dann auf höchster Stufe gut durcharbeiten. Anschließend auf der leicht bemehlten Arbeitsfläche kurz zu einem glatten Teig verkneten.

4. Den Teig in Frischhaltefolie gewickelt mindestens 2 Stunden in den Kühlschrank legen.

5. Den Backofen vorheizen.
Ober-/Unterhitze: etwa 180 °C
Heißluft: etwa 160 °C

6. Den Teig dritteln. Jede Teigportion auf der leicht bemehlten Arbeitsfläche etwa 2 mm dick ausrollen. Mit Teigrädchen aus jeder Teigportion etwa 38 Quadrate (je 4 x 4 cm) ausrädeln und auf Backbleche (gefettet, mit Backpapier belegt) legen.

7. Die Backbleche nacheinander (bei Heißluft zusammen) in den vorgeheizten Backofen schieben. Die Teigquadrate **8–10 Minuten je Backblech backen.**

8. Die Keksquadrate jeweils mit dem Backpapier auf Kuchenroste ziehen und erkalten lassen.

9. Für die 1. Füllung das Johannisbeergelee in einem kleinen Topf aufkochen. Den abgemessenen Grapefruitsaft unterrühren und kräftig aufkochen. Die Füllung etwas abkühlen lassen. Dann die Füllung nach und nach mit einem Teelöffel auf einem Drittel der Keksquadrate verteilen und etwas antrocknen lassen.

10. Inzwischen für die 2. Füllung die Schokolade in Stücke brechen. Zwei Drittel davon mit dem Kokosfett in einem Topf im Wasserbad bei schwacher Hitze unter Rühren schmelzen. Den Topf aus dem Wasserbad nehmen. Die restliche Schokolade darin unter Rühren schmelzen.

11. Die Macadamianusskerne sehr fein hacken und unter die Schokoladenmasse heben. Die Füllung auf einem weiteren Drittel der Plätzchen verteilen.

12. Jeweils 2 mit verschiedenen Füllungen bestrichene Kekse aufeinandersetzen und mit einem weiteren unbestrichenen Keks bedecken. Die Schichtkekse leicht zusammendrücken.

13. Zum Garnieren die Nüsse sehr fein hacken. Gelee glatt rühren, erwärmen und in einen kleinen Gefrierbeutel füllen, eine kleine Ecke abschneiden. Auf jeden Keks einen kleinen Tupfen Gelee spritzen und sofort mit etwas von den gehackten Macadamianusskernen bestreuen.

TIPP:

Wenn Sie keine Grapefruit bekommen, verwenden Sie einfach die Schale einer Bio-Orange.

HASELNUSS-COOKIES

Zubereitungszeit: 25 Minuten, ohne Abkühlzeit
Backzeit: 15–18 Minuten

ZUTATEN FÜR 8–9 GROSSE COOKIES

FÜR DEN TEIG:

75 g Butter (zimmerwarm)
75 g feiner brauner Zucker
1 Pck. Bourbon-Vanille-Zucker
1 Prise Salz
1 Ei (Größe M)
50 g Weizenmehl
½ TL Backpulver
75 g gem. Haselnusskerne
250 g abgezogene ganze Haselnusskerne

evtl. etwas Puderzucker zum Bestäuben

PRO STÜCK:

E: 8 g, F: 32 g, Kh: 16 g, kcal: 382

1. Den Backofen vorheizen.
Ober-/Unterhitze: etwa 180 °C
Heißluft: etwa 160 °C

2. Für den Teig Butter mit einem Mixer (Rührstäbe) auf höchster Stufe geschmeidig rühren. Nach und nach Zucker, Vanille-Zucker und Salz unterrühren. So lange rühren, bis eine gebundene Masse entstanden ist und sich der Zucker fast aufgelöst hat. Das Ei etwa 1 Minute unterschlagen.

3. Mehl mit Backpulver und gemahlenen Haselnusskernen gut vermischen und auf mittlerer Stufe kurz unterrühren. Die ganzen Haselnusskerne mit einem Teigschaber kurz unter den Teig heben.

4. Den Teig mit 2 Esslöffeln oder einem Eisportionierer in gleich großen, runden Häufchen auf

ein Backblech (gefettet, mit Backpapier belegt) setzen, dabei genügend Abstand lassen. Die Teighäufchen mit einem in Wasser getauchten Löffel zu flachen Cookies verstreichen.

5. Das Backblech in den vorgeheizten Backofen schieben. Die Haselnuss-Cookies **15–18 Minuten backen.**

6. Die Haselnuss-Cookies mit dem Backpapier von dem Backblech auf einen Kuchenrost ziehen und erkalten lassen. Die Haselnuss-Cookies nach Belieben mit Puderzucker bestäuben.

TIPP:

Wenn Sie keine fertig geschälten Haselnusskerne bekommen, verteilen Sie etwa 300 g Haselnusskerne auf einem Backblech und schieben das Backblech in den vorgeheizten Backofen (Ober-/Unterhitze etwa 160 °C, Heißluft etwa 140 °C). Die Haselnusskerne etwa 20 Minuten rösten, bis die braune Haut aufplatzt. Die Haselnusskerne anschließend auf ein Geschirrtuch geben, etwas abkühlen lassen und die braune Haut mit dem Geschirrtuch abreiben. Nusskerne, die sich nicht abziehen lassen, aussortieren oder nochmals rösten.

VARIANTE:

Die Cookies schmecken auch mit Cashew- oder Macadamianusskernen sehr lecker.

HASELNUSS-SPLITTER

Zubereitungszeit: 25 Minuten, ohne Abkühlzeit
Backzeit: 15–20 Minuten
Haltbarkeit: 2–3 Wochen
in einer gut schließenden Dose

ZUTATEN FÜR 60 STÜCK

FÜR DEN ALL-IN-TEIG:

100 g gem. Haselnusskerne
100 g Dinkelmehl (Type 630)
½ gestr. TL Backpulver
1 Prise Salz
100 g Rohrzucker
30 g Zuckerrübensirup (Rübenkraut)
1 Pck. Vanillin-Zucker
80 g Crème fraîche
120 g Butter (zimmerwarm)

FÜR DEN BELAG:

100 g gehobelte Haselnusskerne
1 EL Zucker

PRO STÜCK:

E: 1 g, F: 4 g, Kh: 4 g, kcal: 57

1. Für den Teig Haselnusskerne in einer Pfanne ohne Fett unter Rühren goldbraun rösten, herausnehmen und auf einem Teller erkalten lassen.

2. Den Backofen vorheizen.
Ober-/Unterhitze: etwa 200 °C
Heißluft: etwa 180 °C

3. Mehl mit den Haselnusskernen und Backpulver in einer Rührschüssel mischen. Salz, Zucker, Zuckerrübensirup, Vanillin-Zucker, Crème fraîche und Butter hinzufügen. Die Zutaten mit einem Mixer (Rührstäbe) zunächst kurz auf niedrigster, dann auf höchster Stufe zu einem glatten Teig verarbeiten.

4. Den Teig auf ein Backblech (30 x 40 cm, gefettet) geben und mit einer Teigkarte glatt verstreichen.

5. Für den Belag zuerst die Haselnusskerne, dann den Zucker auf den Teig streuen. Das Backblech in den vorgeheizten Backofen schieben. Die Gebäckplatte **15–20 Minuten backen.**

6. Das Backblech auf einen Kuchenrost stellen. Gebäckplatte etwas abkühlen lassen und lauwarm in Rechtecke (etwa 4 x 5 cm) schneiden (das Gebäck splittert, wenn es kalt geschnitten wird).

HEIDESAND MIT ESPRESSO UND ORANGE

Zubereitungszeit: 60 Minuten, ohne Kühl- und Abkühlzeit
Backzeit: etwa 15 Minuten je Backblech

ZUTATEN FÜR 160 STÜCK

FÜR DEN KNETTEIG:

250 g Butter
250 g Zucker
1 Pck. Bourbon-Vanille-Zucker
1 Prise Salz
2 EL Milch
1 TL fein abger. Schale von 1 Bio-Orange (unbehandelt, ungewachst)
350 g Weizenmehl
1 Msp. Backpulver

FÜR DEN ZUCKERRAND:

3 EL Zucker
2–3 TL Instant-Espressopulver

PRO STÜCK:

E: 0 g, F: 1 g, Kh: 4 g, kcal: 27

1. Für den Teig Butter in einem Topf zerlassen, leicht bräunen lassen. Anschließend in eine Edelstahl- oder Porzellanschüssel geben und etwa 45 Minuten in den Kühlschrank stellen.

2. Die wieder fest gewordene Butter mit dem Mixer (Rührstäbe) auf höchster Stufe sehr geschmeidig rühren. Nach und nach Zucker, Vanille-Zucker, Salz, Milch und Orangenschale unterrühren. So lange rühren, bis eine cremige Masse entsteht.

3. Das Mehl mit dem Backpulver mischen und zwei Drittel davon portionsweise auf mittlerer Stufe unter die Butter-Zucker-Masse rühren. Den Teig auf einer leicht bemehlten Arbeitsfläche mit dem restlichen Mehl-Backpulver-Gemisch zu einem glatten Teig verkneten.

4. Aus dem Teig vier etwa 2 cm dicke Rollen (Länge je etwa 20 cm) formen. Die Rollen in Frischhaltefolie gewickelt mindestens 1 Stunde in den Kühlschrank legen, bis sie hart geworden sind.

5. Den Backofen vorheizen.
Ober-/Unterhitze: etwa 180 °C
Heißluft: etwa 160 °C

6. Für den Rand Zucker und Instant-Espressopulver mischen. Die harten Teigrollen in dem Zuckergemisch wälzen, dann in etwa ½ cm dicke Scheiben schneiden. Die Hälfte der Teigscheiben auf zwei Backbleche (leicht gefettet, mit Backpapier belegt) legen. Die Backbleche nacheinander (bei Heißluft zusammen) in den vorgeheizten Backofen schieben. Die Plätzchen **etwa 15 Minuten je Backblech backen.**

7. In der Zwischenzeit die restlichen Plätzchen auf Backpapier wie beschrieben vorbereiten.

8. Die gebackenen Plätzchen mit dem Backpapier von den Backblechen auf Kuchenroste ziehen und erkalten lassen. Dann die restlichen vorbereiteten Plätzchen mit dem Backpapier auf die Backbleche ziehen und wie angegeben backen.

TIPP:

Dieses Rezept lässt sich gut vorbereiten. Einfach die Teigrollen über Nacht in den Kühlschrank legen und dann die Plätzchen am nächsten Tag wie angegeben backen.

VARIANTE:

Milch für den Teig lauwarm erwärmen, darin zusätzlich 2 TL Instant Espresso auflösen. Abkühlen lassen und dann im Teig verarbeiten.

HIMBEER-JOGHURT-WHOOPIES

Zubereitungszeit: 45 Minuten, ohne Abkühl- und Trockenzeit
Backzeit: etwa 14 Minuten je Backblech

ZUTATEN FÜR 18 STÜCK

FÜR DEN TEIG:

80 g Butter oder Margarine (zimmerwarm)
150 g Zucker
1 Pck. Bourbon-Vanille-Zucker
1 Prise Salz
1 Ei (Größe M)
200 g Weizenmehl
1 gestr. TL Backpulver
150 g Buttermilch

FÜR DIE FÜLLUNG:

100 g aufgetaute TK-Himbeeren
3 Blatt weiße Gelatine
150 g Schlagsahne (mind. 30 % Fett)
125 g Joghurt (3,5 % Fett)
25 g Puderzucker
1 TL Zitronensaft

ZUM VERZIEREN:

150 g Puderzucker
etwa 2 TL Zitronensaft
1–2 Tropfen Speisefarbe (rot)
etwas Zuckerschrift (braun)

ZUSÄTZLICH:

Spritzbeutel (Lochtülle, Ø 1 ½ cm)

PRO STÜCK:

E: 3 g, F: 7 g, Kh: 28 g, kcal: 187

1. Den Backofen vorheizen.
Ober-/Unterhitze: etwa 200 °C
Heißluft: etwa 180 °C

2. Für den Teig Butter oder Margarine mit einem Mixer (Rührstäbe) auf höchster Stufe geschmeidig rühren. Nach und nach Zucker, Vanille-Zucker und Salz unterrühren. So lange rühren, bis eine gebundene Masse entstanden ist. Das Ei etwa ½ Minute unterrühren. Mehl mit Backpulver mischen und auf mittlerer Stufe kurz unterrühren. Buttermilch ebenfalls kurz unterrühren.

3. Den Teig mit dem Spritzbeutel in 36 kleinen Häufchen mit genügend Abstand auf 3 Backbleche (gefettet, mit Backpapier belegt) spritzen, dann zu Kreisen (Ø etwa 4 cm) sorgfältig verstreichen.

4. Die Backbleche nacheinander (bei Heißluft 2 Backbleche zusammen) in den vorgeheizten Backofen schieben. Whoopies **etwa 14 Minuten je Backblech backen.** Anschließend die Whoopies mit dem Backpapier von den Backblechen auf Kuchenroste ziehen und erkalten lassen.

5. Für die Füllung Himbeeren durch ein Sieb streichen, 65 g davon beiseitestellen. Gelatine nach Packungsanleitung einweichen. Die Sahne steif schlagen.

6. Joghurt mit beiseitegestelltem Himbeerenmark, Puderzucker und Zitronensaft geschmeidig rühren. Gelatine leicht ausdrücken und in einem kleinen Topf bei schwacher Hitze unter Rühren auflösen. Die aufgelöste Gelatine zunächst mit etwa 4 Esslöffeln von der Joghurtmasse verrühren, dann unter die restliche Joghurtmasse rühren. Sahne kurz unterrühren.

7. Die Joghurt-Sahne-Creme auf die glatte Seite von 18 Whoopies streichen. Restliche Whoopies daraufsetzen, leicht andrücken und in den Kühlschrank stellen. Die Füllung fest werden lassen.

8. Zum Verzieren Puderzucker mit Saft und Speisefarbe verrühren. Die Whoopies damit bestreichen. Guss trocknen lassen, dann mit Zuckerschrift mit Spiralmustern, Kreisen oder Pünktchen garnieren und trocknen lassen.

H

HIMBEER-KRAPFEN

Zubereitungszeit: 40 Minuten, ohne Kühl- und Abkühlzeit
Backzeit: etwa 15 Minuten je Backblech

ZUTATEN FÜR ETWA 60–70 STÜCK

FÜR DEN KNETTEIG:

250 g Weizenmehl
1 gestr. TL Backpulver
100 g Zucker
1 Pck. Vanillin-Zucker
1 Prise Salz
3 Eigelb (Größe M)
150 g Butter oder Margarine

FÜR DEN BELAG

2 Eiweiß (Größe M)
75 g abgezogene, gehackte Mandeln
etwa 2–3 EL Himbeer-Gelee

PRO STÜCK:

E: 1 g, F: 1 g, Kh: 3 g, kcal: 25

1. Für den Teig Mehl mit Backpulver mischen und in eine Rührschüssel geben. Zucker, Vanillin-Zucker, Salz, Eigelb und Butter oder Margarine hinzufügen. Die Zutaten mit einem Mixer (Knethaken) zunächst kurz auf niedrigster, dann auf höchster Stufe gut durcharbeiten.

2. Anschließend auf der bemehlten Arbeitsfläche zu einem glatten Teig verkneten. Den Teig in Frischhaltefolie gewickelt etwa 30 Minuten kalt stellen.

3. Backofen vorheizen.
Ober-/Unterhitze: etwa 180 °C
Heißluft: etwa 160 °C

4. Aus dem Teig 7 Rollen (etwa 40 cm lang) formen. Teigrollen jeweils in etwa 2 cm breite Stücke schneiden. Teigstücke zu Kugeln formen.

5. Für den Belag Eiweiß mit einer Gabel verschlagen. Jede Kugel zuerst auf einer Seite in das Eiweiß tauchen, dann in die Mandeln drücken. Die Kugeln mit der nicht bemandelten Teigseite auf Backbleche (gefettet, mit Backpapier belegt) legen und mit einem Rührlöffelstiel von oben in jede Kugel eine Vertiefung drücken.

6. Die Backbleche nacheinander (bei Heißluft zusammen) in den vorgeheizten Backofen schieben. Die Krapfen **etwa 15 Minuten je Backblech backen.** Krapfen mit dem Backpapier vom Backblech auf Kuchenroste ziehen und erkalten lassen.

7. Für die Füllung Himbeer-Gelee mit Wasser in einem kleinen Topf unter Rühren aufkochen, etwas abkühlen lassen. Gelee mithilfe eines Teelöffels vorsichtig in die Vertiefungen füllen. Sollte das Gelee zu fest werden, einfach nochmals erwärmen. Gefüllte Krapfen erkalten lassen.

VARIANTE:

Sie können die Krapfen auch mit gelber Konfitüre, z. B. Aprikosenkonfitüre füllen. Dafür die Konfitüre vor dem Füllen durch ein Sieb streichen.

HIRSEKEKSE MIT APRIKOSENFÜLLUNG

Zubereitungszeit: 50 Minuten, ohne Abkühl- und Trockenzeit
Haltbarkeit: etwa 3 Wochen
Backzeit: etwa 10 Minuten je Backblech
+ glutenfrei

ZUTATEN FÜR 40 STÜCK

FÜR DEN TEIG:

100 g Butter (zimmerwarm)
50 g brauner Zucker, 1 Prise Salz
1 Ei (Größe M)
100 g Teffmehl aus Zwerghirse (erhältlich im Reformhaus oder Bioladen)
50 g abgezogene, gem. Mandeln

FÜR DIE APRIKOSENFÜLLUNG:

120 g getrocknete Soft-Aprikosen
40 g Marzipan-Rohmasse, 2 EL Wasser
30 g Aprikosenkonfitüre

ZUSÄTZLICH:

Spritzbeutel mit Lochtülle (Ø etwa 1 ½ cm)

PRO STÜCK:

E: 1 g, F: 3 g, Kh: 5 g, kcal: 55

1. Den Backofen vorheizen.
Ober-/Unterhitze: etwa 180 °C
Heißluft: etwa 160 °C

2. Für den Teig Butter, Zucker und Salz mit einem Mixer (Rührstäbe) auf mittlerer Stufe schaumig schlagen. Das Ei hinzufügen und kurz unterrühren.

3. Das Teffmehl mit den Mandeln mischen, auf die Butter-Ei-Masse geben und mit einem Kochlöffel unterheben.

4. Den Hirseteig in den Spritzbeutel füllen und mit etwas Abstand in flachen Tupfen (Ø etwa 3 cm) auf Backbleche (gefettet, mit Backpapier belegt) spritzen.

5. Die Backbleche nacheinander (bei Heißluft zusammen) in den vorgeheizten Backofen schieben. Die Hirsekekse **etwa 10 Minuten je Backblech backen.**

6. Die Hirsekekse mit dem Backpapier von den Backblechen auf Kuchenroste ziehen und erkalten lassen.

7. Für die Füllung die getrockneten Soft-Aprikosen in grobe Stücke hacken. Die Aprikosenstücke mit Marzipan, Wasser und Aprikosenkonfitüre in einen Blitzhacker geben und fein pürieren.

8. Die Hälfte der Hirsekekse auf der Unterseite jeweils schön dick mit etwas von der Aprikosenfüllung bestreichen. Die restlichen Hirsekekse mit der Unterseite daraufsetzen und leicht andrücken. Die Aprikosenfüllung einige Stunden trocknen lassen.

TIPP:

Für die Aprikosenfüllung können Sie das Wasser durch die gleiche Menge Rum ersetzen.

HONIGKUCHEN-NIKOLÄUSE

Zubereitungszeit: 1 ½ Stunden, ohne Kühl- und Abkühlzeit
Backzeit: etwa 10 Minuten je Backblech
Haltbarkeit: 2–3 Wochen

ZUTATEN FÜR 60 STÜCK

FÜR DEN TEIG:

100 g flüssiger Honig
50 g brauner Zucker
75 g Butter oder Margarine
½ Röhrchen flüssiges Butter-Vanille-Aroma
1 gestr. TL gem. Zimt
½ TL gemahlene Nelken
1 Eiweiß (Größe M)
250 g Weizenmehl
2 gestr. TL Backpulver

ZUM BESTREICHEN:

1 Eigelb
1 EL Milch

FÜR DIE NIKOLAUSMÜTZEN:

100 g Marzipan-Rohmasse
65 g Puderzucker
1 TL Zitronensaft
etwas rote Speisefarbe

FÜR DIE GESICHTER:

etwa 50 g Puderzucker
1 EL Zitronensaft
etwas rote Speisefarbe
einige Zuckerperlen

ZUSÄTZLICH:

Ausstecher Sternform (5-zackig, Ø etwa 4 ½ cm)
Ausstecher rund (Ø etwa 7 cm)

PRO STÜCK:

E: 1 g, F: 2 g, Kh: 8 g, kcal: 49

1. Für den Teig Honig mit Zucker und Fett in einem Topf unter Rühren langsam erwärmen, bis Zucker und Fett gelöst sind. Die Honigmasse in einer Rührschüssel kalt stellen.

2. Den Backofen vorheizen.
Ober-/Unterhitze: etwa 180 °C
Heißluft: etwa 160 °C

3. Unter die fast erkaltete Masse mit einem Mixer (Rührstäbe) auf höchster Stufe Aroma, Zimt, Nelken und Eiweiß rühren. Mehl mit Backpulver mischen. Zwei Drittel davon portionsweise auf mittlerer Stufe kurz unterrühren. Den Teigbrei mit dem restlichen Mehlgemisch auf einer bemehlten Arbeitsfläche zu einem Teig verkneten, etwa ½ cm dick ausrollen.

4. Sterne ausstechen und mit etwas Abstand auf Backbleche (mit Backpapier belegt) legen. Die Teigsterne mit verschlagener Eigelbmilch bestreichen. Die Backbleche nacheinander (bei Heißluft zusammen) in den vorgeheizten Backofen schieben. Die Sterne **etwa 10 Minuten je Backblech backen**. Anschließend mit dem Backpapier auf Kuchenroste ziehen und erkalten lassen.

5. Für die Mützen Marzipan mit etwas Speisefarbe und 40 g Puderzucker verkneten, zwischen Frischhaltefolie so dünn ausrollen, dass 15 Kreise ausgestochen werden können. Die Marzipankreise jeweils vierteln.

6. Restlichen Puderzucker (25 g) mit Zitronensaft zu einer dickflüssigen Masse verrühren. Jeweils eine Sternspitze mit dem Guss bestreichen, mit je einem Marzipanviertel (die runde Seite nach unten) einschlagen und etwas andrücken. Die Marzipanspitze leicht seitwärts biegen.

7. Für die Gesichter Puderzucker mit Zitronensaft verrühren, eine Hälfte mit roter Speisefarbe färben. Weißen und roten Guss in je ein Pergamentpapiertütchen füllen, eine Spitze abschneiden. Nikoläuse mit dem weißen und roten Guss und mit Zuckerperlen verzieren.

H

HONIG-NUSS-LEBKUCHEN

Zubereitungszeit: 40 Minuten, ohne Abkühlzeit
Ruhezeit: etwa 12 Stunden
Backzeit etwa 13 Minuten
Haltbarkeit: etwa 6 Wochen

ZUTATEN FÜR 30 STÜCK

FÜR DEN TEIG:

200 g flüssiger Honig
100 g Zucker
80 ml Wasser
150 g gem. Haselnusskerne
300 g Roggenmehl (Type 1150)
1 gestr. TL Hirschhornsalz
1 gestr. TL gem. Zimt
1 gestr. TL gem. Piment (Nelkenpfeffer)
1 Msp. gem. Ingwer

ZUM GLASIEREN:

100 g Zucker
80 ml Wasser

PRO STÜCK:

E: 2 g, F: 3 g, Kh: 19 g, kcal: 112

1. Für den Teig Honig, Zucker und Wasser in einem Topf unter Rühren erwärmen, bis sich der Zucker gelöst hat. Die Honigmasse in eine Rührschüssel geben und erkalten lassen.

2. Nusskerne in einer Pfanne ohne Fett unter Rühren goldbraun rösten. Nusskerne in eine Schüssel geben und erkalten lassen.

3. Roggenmehl, Hirschhornsalz, Zimt, Piment, Ingwer und Nusskerne auf die Honigmasse geben. Die Zutaten mit einem Mixer (Knethaken) zunächst kurz auf niedrigster, dann auf höchster Stufe zu einem glatten Teig verkneten. Den Teig in Frischhaltefolie gewickelt **bei Zimmertemperatur mindestens 12 Stunden ruhen lassen.**

4. Den Backofen vorheizen.
Ober-/Unterhitze: etwa 180 °C
Heißluft: etwa 160 °C

5. Den Teig auf der leicht bemehlten Arbeitsfläche nochmals durchkneten (wenn er noch klebrig ist, etwas Mehl hinzufügen) und zu einem Rechteck (etwa 25 x 30 cm) ausrollen.

6. Das Teigrechteck auf ein Backblech (mit Backpapier belegt) legen, evtl. einen Backrahmen darumstellen. Das Backblech in den vorgeheizten Backofen schieben. Den Lebkuchen **etwa 13 Minuten backen.**

7. Das Backblech auf einen Kuchenrost stellen. Den Lebkuchen etwas abkühlen lassen.

8. Zum Glasieren Zucker und Wasser in einem Topf zum Kochen bringen und 1–2 Minuten bei starker Hitze sprudelnd kochen lassen. Das Zuckerwasser mit einem Backpinsel auf dem lauwarmen Lebkuchen verstreichen. Dabei schnell hin und her streichen, bis die Glasur weißlich wird. Den Backrahmen lösen und entfernen. Den Lebkuchen in Quadrate (etwa 5 x 5 cm) schneiden. Glasur gut trocknen und Lebkuchen erkalten lassen.

TIPP:

Der Teig kann sehr gut vorbereitet und luftdicht verpackt 1–2 Wochen bei Zimmertemperatur gelagert werden.

INGWERKEKSE

Zubereitungszeit: 20 Minuten, ohne Kühl- und Abkühlzeit
Backzeit: etwa 15 Minuten, je Backblech
Haltbarkeit: 2–3 Wochen, luftdicht verpackt
+ vegan

ZUTATEN FÜR ETWA 40 STÜCK

FÜR DEN KNETTEIG:

80 g kandierter oder gezuckerter Ingwer
250 g Weizenmehl (Type 405)
½ gestr. TL Backpulver
150 g gekühlte, vegane Margarine
100 g Roh-Rohrzucker
1 Msp. Salz, 2 EL kaltes Wasser

PRO STÜCK:

E: 1 g, F: 3 g, Kh: 8 g, kcal: 64

1. Für den Teig Ingwer im Blitzhacker fein hacken. Mehl mit Backpulver in einer Rührschüssel mischen. Margarine in kleine Stücke schneiden. Gehackten Ingwer, Margarine, Zucker, Salz und Wasser hinzufügen. Die Zutaten mit einem Mixer (Knethaken) zunächst auf niedrigster, dann auf höchster Stufe gut durcharbeiten. Anschließend auf einer leicht bemehlten Arbeitsfläche kurz zu einem Teig verkneten und etwas flacher rollen.

2. Einen Bogen Backpapier (etwa 35 x 25 cm) auf die Arbeitsfläche legen und fixieren (z. B. mit Margarine). Den Teig darauflegen und zu einem Rechteck (etwa 30 x 20 cm) ausrollen.

3. Mit einer Gabel dicht an dicht Muster in den Teig drücken, die Teigränder gerade drücken, z. B. mit einem Lineal. Den Teig mit dem Backpapier z. B. auf einem Tablett oder Brett zugedeckt mindestens 2 Stunden in den Kühlschrank stellen.

4. Den Backofen vorheizen.
Ober-/Unterhitze: etwa 180 °C
Heißluft: etwa 160 °C

5. Den gekühlten Teig mit dem Backpapier auf ein Backblech legen. Das Backblech auf mittlerer Einschubleiste in den vorgeheizten Backofen schieben. Die Gebäckplatte **etwa 15 Minuten backen.**

6. Das Backblech auf einen Kuchenrost stellen. Die heiße Gebäckplatte mit einem Sägemesser in Rechtecke (je etwa 5 x 3 cm) schneiden. Die Ingwerkekse erkalten lassen.

INGWER-LEBKUCHEN

Zubereitungszeit: 45 Minuten,
ohne Kühl- und Abkühlzeit
Backzeit: etwa 10 Minuten je Backblech
Haltbarkeit: 4 Wochen,
in einer gut schließenden Dose
kühl und trocken gelagert

ZUTATEN FÜR ETWA 45 STÜCK

FÜR DEN LEBKUCHENTEIG:

200 g flüssiger Honig
50 g brauner Zucker
80 g frischer Ingwer
80 g Butter (zimmerwarm)
2 Eier (Größe M)
450 g Weizenmehl
1 gestr. TL Backpulver

FÜR DEN GUSS UND ZUM BESTREUEN:

6 EL Zitronensaft
200 g gesiebter Puderzucker
3 EL Nonpareilles (einfarbig oder bunt)
einige große Perlen (Dessertschmuck)

ZUSÄTZLICH:

Ausstecher in Tannenbaumform (etwa 8 cm hoch)

PRO STÜCK:

E: 1 g, F: 2 g, Kh: 17 g, kcal: 91

1. Für den Teig Honig, braunen Zucker und 3 Esslöffel Wasser in einem Topf unter Rühren erwärmen, bis der Zucker gelöst ist. Die Honigmasse in eine Rührschüssel geben und kurz kalt stellen.

2. Den Ingwer schälen und fein reiben. Ingwer, Butter und Eier mit einem Mixer (Rührstäbe) auf höchster Stufe unter die fast erkaltete Honigmasse rühren. Mehl mit Backpulver mischen und mit dem Mixer (Knethaken) esslöffelweise auf mittlerer Stufe unterrühren. Den Teig in Frischhaltefolie gewickelt mindestens 4 Stunden kalt stellen.

3. Den Backofen vorheizen.
Ober-/Unterhitze: etwa 180 °C
Heißluft: etwa 160 °C

4. Den Teig kurz durchkneten und auf der leicht bemehlten Arbeitsfläche etwa 8 mm dick ausrollen. Mit dem Ausstecher Tannenbäume ausstechen und mit etwas Abstand auf Backbleche (gefettet, mit Backpapier belegt) setzen. Die Backbleche nacheinander (bei Heißluft zusammen) in den vorgeheizten Backofen schieben. Tannenbäume **etwa 10 Minuten je Backblech backen.**

5. Die Tannenbäume mit dem Backpapier von den Backblechen auf Kuchenroste ziehen. Tannenbäume erkalten lassen.

6. Zitronensaft mit Puderzucker zu einem dickflüssigen Guss verrühren. Die Tannenbäume mit dem Guss bestreichen. Mit Nonpareilles bestreuen. Die Tannenbaumspitzen mit den großen Perlen verzieren. Guss trocknen lassen.

INGWER-MAKRONEN

Zubereitungszeit: 40 Minuten, ohne Abkühlzeit
Backzeit: etwa 30 Minuten je Backblech
+ glutenfrei

ZUTATEN FÜR 40 STÜCK

FÜR DIE MAKRONENMASSE:

60 g kandierter Ingwer
40 g Kokoswürfel, getrocknet, gezuckert
3 Eiweiß (Größe M)
75 g Zucker
1 TL abger. Schale von 1 Bio-Zitrone (unbehandelt, ungewachst)
50 g Puderzucker
10 g Speisestärke
25 g gehackte Pistazienkerne
100 g gehobelte Mandeln

ZUM VERZIEREN:

50 g dunkle Kuchenglasur

PRO STÜCK:

E: 1 g, F: 3 g, Kh: 5 g, kcal: 51

1. Den Backofen vorheizen.
Ober-/Unterhitze: etwa 130 °C
Heißluft: etwa 110 °C
(Die Zubereitung mit Ober-/Unterhitze ist zu bevorzugen.)

2. Für die Makronenmasse Ingwer und Kokoswürfel klein hacken. Eiweiß in einer Rührschüssel mit einem Mixer (Rührstäbe) auf höchster Stufe steif schlagen, bis ein Messerschnitt sichtbar bleibt.

3. Zucker und Zitronenschale nach und nach auf höchster Stufe kurz unterschlagen. Puderzucker mit Speisestärke mischen, nach und nach auf höchster Stufe kurz unterschlagen.
Ingwer, Kokos, Pistazienkerne und Mandeln vorsichtig unterheben.

4. Den Teig mithilfe von 2 Teelöffeln in knapp walnussgroßen Häufchen auf zwei Backbleche (gefettet, mit Backpapier belegt) setzen. Die Backbleche nacheinander (bei Heißluft zusammen) in den vorgeheizten Backofen schieben. Die Makronen **etwa 30 Minuten je Backblech backen.** Die Farbe der Makronen muss hell bleiben und das Gebäck sich noch weich anfühlen.

5. Die Makronen mit dem Backpapier von den Backblechen auf Kuchenroste ziehen und erkalten lassen. Die kalten Makronen vorsichtig mithilfe eines Messers lösen.

6. Zum Verzieren Kuchenglasur nach Packungsanleitung schmelzen und Makronen nach dem vollständigen Trocknen streifig überziehen.

TIPPS:

Die Makronen am besten einen Tag vor dem Verzehr backen, da sie noch nachtrocknen und so erst ihre letztendliche Festigkeit erhalten.
Zum Steifschlagen von Eiweiß darf keine Spur von Eigelb im Eiweiß sein, und die Schüsseln und Rührstäbe müssen fettfrei sein.

JULE KUGELN

◷ Zubereitungszeit: 60 Minuten, ohne Abkühlzeit
Ruhezeit: evtl. 1 Tag
Backzeit: etwa 30 Minuten je Backblech
▲ mit Alkohol

ZUTATEN FÜR 50 STÜCK

FÜR DEN TEIG:

2 Eiweiß (Größe M)
125 g Puderzucker
1 Pck. Bourbon-Vanille-Zucker
½ TL gem. Zimt
100 g Weizenmehl
150 g gem. Haselnusskerne
2 EL Rum
20 g Kakaonibs
100 g blanchierte Mandelkerne

ZUM BESTREICHEN:

1 Eigelb (Größe M)
1 EL Wasser

PRO STÜCK:

E: 1 g, F: 3 g, Kh: 5 g, kcal: 55

1. Für den Teig Eiweiß in einer Rührschüssel mit dem Mixer (Rührstäbe) auf höchster Stufe sehr steif schlagen. Puderzucker mit Vanille-Zucker und Zimt mischen und nach und nach auf höchster Stufe kurz unterschlagen.

2. Mehl mit Haselnusskernen und Rum auf niedrigster Stufe unterheben. Kakaonibs etwas feiner hacken und unter den Teig mischen. Den Teig in je 10–12 g schwere Portionen aufteilen. Die Teigportionen zu je haselnussgroßen Kugeln formen und auf zwei Backbleche (leicht gefettet, mit Backpapier belegt) setzen.

3. Mandelkerne halbieren und jeweils 3 Mandelhälften an die Kugeln drücken.

4. Jule-Kugeln bei Zimmertemperatur **über Nacht trocknen lassen**. Die Kugeln dafür nicht abdecken.

5. Am nächsten Tag zum Bestreichen Eigelb mit Wasser verschlagen.

6. Den Backofen vorheizen.
Ober-/Unterhitze: etwa 170 °C
Heißluft: etwa 150 °C

7. Jule-Kugeln mit der Eigelb-Lasur bestreichen. Die Backbleche nacheinander (bei Heißluft zusammen) in den vorgeheizten Backofen schieben. Die Jule-Kugeln **etwa 30 Minuten je Backblech backen.**

8. Die Jule-Kugeln mit dem Backpapier von den Backblechen auf Kuchenroste ziehen. Jule-Kugeln erkalten lassen.

TIPP:

Das Trocknen über Nacht kann man umgehen, wenn man die Jule-Kugeln im vorgeheizten Backofen bei Heißluft: etwa 50 °C
1 ½ – 2 Stunden trocknet. Dann wie beschrieben weiterverarbeiten und backen.

VARIANTE:

Anstelle von Rum lässt sich auch sehr gut ein Amaretto-Sirup verwenden.

KAFFEE-WHOOPIES

◔ Zubereitungszeit: 35 Minuten, ohne Kühl- und Abkühlzeit
Backzeit: etwa 10 Minuten je Backblech

ZUTATEN FÜR 18 STÜCK

FÜR DEN ALL-IN-TEIG:

125 g Weizenmehl
2 gestr. TL Backpulver
½ TL Natron
10 g gesiebtes Kakaopulver
60 g Zucker, 1 Pck. Vanillin-Zucker
1 Ei (Größe M)
70 g zerlassene, abgekühlte Butter oder Margarine
100 ml Caffè Latte Vanilla (aus dem Kühlregal)
50 g abgezogene, gem. Mandeln

FÜR DIE FÜLLUNG:

15 g Speisestärke
15 g Zucker
130–150 ml Caffè Latte Vanilla
100 g Butter

ZUM GARNIEREN:

etwa 25 g Zartbitter-Schokoladenstückchen (etwa 50 % Kakaoanteil)
etwa 1 EL weiße oder dunkle Schokoladenstreusel

ZUSÄTZLICH:

Spritzbeutel mit Lochtülle (Ø 1 ½ cm)
Spritzbeutel mit Sterntülle (Ø 6–7 mm)

PRO STÜCK:

E: 2 g, F: 11 g, Kh: 13 g, kcal: 158

1. Den Backofen vorheizen.
Ober-/Unterhitze: etwa 200 °C
Heißluft: etwa 180 °C

2. Für den Teig Mehl mit Backpulver, Natron, Kakao, Zucker und Vanillin-Zucker in einer verschließbaren Schüssel (etwa 3 l) mischen. Ei, zerlassene Butter oder Margarine und Caffè Latte hinzufügen. Die Schüssel mit dem Deckel fest verschließen, mehrmals kräftig schütteln (insgesamt 15–30 Sekunden), sodass alle Zutaten gut vermischt sind. Mandeln hinzugeben. Alles mit einem Schneebesen oder Rührlöffel nochmals sorgfältig durchrühren, damit trockene Zutaten vom Rand und Deckel mit untergerührt werden.

3. Den Teig mit dem Spritzbeutel (Lochtülle) in 36 kleinen Häufchen auf 3 Backbleche (gefettet, mit Backpapier belegt) spritzen. Mit einem Messer zu Kreisen (Ø etwa 4 cm) sorgfältig verstreichen. Backbleche nacheinander (bei Heißluft zusammen) in den vorgeheizten Backofen schieben. Whoopies **etwa 10 Minuten je Backblech backen.**

4. Die Whoopies mit dem Backpapier von den Backblechen auf Kuchenroste ziehen. Whoopies erkalten lassen.

5. Für die Füllung Stärke mit Zucker und Caffè Latte in einem Topf mit einem Schneebesen gut verrühren, unter Rühren zum Kochen bringen. Topf von der Kochstelle nehmen. Butter unter Rühren darin schmelzen. Die Creme unter Rühren erkalten lassen (nicht im Kühlschrank).

6. Die Buttercreme in den Spritzbeutel mit Sterntülle füllen und auf die glatte Seite von 18 Whoopies spritzen. Die restlichen Whoopies daraufsetzen und leicht andrücken.

7. Zum Garnieren Schokolade in kleine Stücke brechen und in einem Topf im Wasserbad bei schwacher Hitze unter Rühren schmelzen. Die Schokolade etwas abkühlen lassen, in einen Gefrierbeutel füllen und eine kleine Ecke abschneiden. Die Whoopies damit garnieren, mit Schokostreuseln bestreuen. Whoopies etwa 30 Minuten in den Kühlschrank stellen.

VARIANTE:

Für eine Himbeer-Füllung 150 ml Himbeer-Buttermilch mit 15 g Zucker und 20 g Speisestärke in einem Topf verrühren, dann unter ständigem Rühren zum Kochen bringen. Den Topf von der Kochstelle nehmen, 100 g Butterstückchen darin zerlassen. 50 g pürierte Himbeeren (frische oder tiefgekühlt) unterrühren. Die Masse im Kühlschrank erkalten lassen, dann die Whoopies damit füllen.

KAKAO-ORANGEN-KEKSE

Zubereitungszeit: 25 Minuten,
ohne Kühl- und Abkühlzeit
Backzeit: etwa 20 Minuten je Backblech
Haltbarkeit: etwa 2 Wochen

ZUTATEN FÜR 66 STÜCK

ZUM VORBEREITEN:

50 g Zartbitter-Schokolade (etwa 50 % Kakaoanteil)

FÜR DEN TEIG:

100 g Butter oder Margarine (zimmerwarm)
100 g Orangenmarmelade (mit Stückchen)
70 g Zucker
1 Msp. Salz
1 Pck. Bourbon-Vanille-Zucker
200 g Weizenmehl
½ TL Backpulver
20 g gesiebtes Kakaopulver

ZUM GARNIEREN:

30 g Zartbitter-Schokolade (etwa 50 % Kakaoanteil)

NACH BELIEBEN:

30 g gehacktes Orangeat

PRO STÜCK:

E: 1 g, F: 2 g, Kh: 5 g, kcal: 38

1. Zum Vorbereiten die Schokolade in den Kühlschrank legen, gut gekühlt fein hacken.

2. Für den Teig die Butter oder Margarine und Marmelade mit einem Mixer (Rührstäbe) geschmeidig rühren. Zucker, Salz und Vanille-Zucker nach und nach unterrühren, bis eine gebundene Masse entstanden ist.

3. Mehl mit Backpulver und Kakao mischen, mit dem Mixer (Knethaken) zunächst kurz auf niedrigster, dann auf höchster Stufe gut durcharbeiten. Mit der gehackten Schokolade auf der leicht bemehlten Arbeitsfläche zu einem glatten Teig verkneten.

4. Den Teig in 3 gleich große Portionen teilen. Auf einer leicht bemehlten Arbeitsfläche aus jeder Teigportion eine etwa 22 cm lange Rolle (Ø 3 cm) formen. Die Rollen in Frischhaltefolie gewickelt etwa 1 Stunde in den Kühlschrank legen.

5. Den Backofen vorheizen.
Ober-/Unterhitze: etwa 180 °C
Heißluft: etwa 160 °C

6. Die Teigrollen mit einem Sägemesser in etwa 1 cm dicke Scheiben schneiden und mit etwas Abstand auf Backbleche (mit Backpapier belegt) legen. Die Backbleche nacheinander (bei Heißluft zusammen) in den vorgeheizten Backofen schieben. Die Kekse **etwa 20 Minuten je Backblech backen.**

7. Die Kekse mit dem Backpapier auf Kuchenroste ziehen und erkalten lassen.

8. Zum Garnieren die Schokolade in kleine Stücke brechen. Zwei Drittel davon in einem Topf im Wasserbad bei schwacher Hitze unter Rühren schmelzen lassen. Den Topf aus dem Wasserbad nehmen und die restliche Schokolade darin unter Rühren schmelzen.

9. Die geschmolzene Schokolade in einen Gefrierbeutel füllen. Vom Gefrierbeutel eine kleine Ecke abschneiden. Auf jeden Keks einen kleinen Klecks Schokolade geben und nach Belieben mit Orangeat garnieren. Anschließend die Schokolade trocknen lassen.

KAKAOTALER MIT MÖHREN-ORANGEN-FÜLLUNG

Zubereitungszeit: 90 Minuten
ohne Kühl- und Abkühlzeit
Backzeit: etwa 10 Minuten je Backblech
Haltbarkeit: kalt gestellt etwa 2 Wochen
in gut schließenden Dosen

ZUTATEN FÜR 40 STÜCK

FÜR DEN KNETTEIG:

170 g Weizenmehl
½ gestr. TL Backpulver
10 g gesiebtes Kakaopulver
20 g Kartoffelmehl (Kartoffelstärke)
80 g Zucker, 1 Prise Salz
120 g Butter oder Margarine
1 Ei (Größe M)

FÜR DIE FÜLLUNG:

150 g Möhren
50 g Zucker
200 g Orangenmarmelade
30 g frischer Ingwer
20 g Kokosfett

ZUM VERZIEREN:

30 g Zartbitter-Schokolade
(etwa 50 % Kakaoanteil)
5 g Kokosfett

PRO STÜCK:

E: 1 g, F: 4 g, Kh: 11 g, kcal: 80

1. Für den Teig das Mehl mit dem Backpulver, dem Kakao und dem Kartoffelmehl in einer Rührschüssel mischen. Zucker und Salz untermischen. Butter oder Margarine in kleine Stücke schneiden, zusammen mit dem Ei in die Rührschüssel geben.

2. Die Zutaten mit einem Mixer (Knethaken) zunächst kurz auf niedrigster, dann auf höchster Stufe gut durcharbeiten. Anschließend auf einer leicht bemehlten Arbeitsfläche kurz zu einem Teig verkneten. Den Teig halbieren.

3. Die Teighälften auf der bemehlten Arbeitsfläche jeweils zu einer etwa 20 cm langen Rolle formen. Die Rollen in Frischhaltefolie gewickelt mindestens 2 Stunden in den Kühlschrank legen.

4. Den Backofen vorheizen.
Ober-/Unterhitze: etwa 180 °C
Heißluft: etwa 160 °C

5. Jede Rolle mit einem Sägemesser in 60 dünne Scheiben schneiden. Die Scheiben auf 3 Backbleche (mit Backpapier belegt) legen. Die Backbleche nacheinander (bei Heißluft zusammen) in den vorgeheizten Backofen schieben. Die Kakaotaler **etwa 10 Minuten je Backblech backen.**

6. Die Kakaotaler zusammen mit dem Backpapier von den Backblechen auf Kuchenroste ziehen und erkalten lassen.

7. Für die Füllung die Möhren putzen, schälen, abspülen, gut abtropfen lassen und fein raspeln. Die Möhrenraspel mit dem Zucker und der Marmelade in einem kleinen Topf zum Kochen bringen und zugedeckt bei mittlerer Hitze etwa 5 Minuten kochen lassen.

8. In der Zwischenzeit den Ingwer schälen und fein reiben. Ingwer unter die Möhrenmasse rühren. Die Füllung ohne Deckel weitere etwa 10 Minuten unter gelegentlichem Rühren kochen. Anschließend das Kokosfett unterrühren. Die Füllung pürieren und etwas abkühlen lassen.

9. Zwei Drittel der Kakaotalermenge (40 Stück) mit der Füllung bestreichen. Zum Zusammensetzen je 2 bestrichene Taler aufeinanderschichten und mit einem 3. Taler unbestrichenen Taler bedecken. Anschließend die Taler leicht aufeinanderdrücken.

10. Zum Verzieren die Schokolade mit dem Kokosfett in einem Topf im Wasserbad bei schwacher Hitze unter Rühren schmelzen. Die Schokolade etwas abkühlen lassen, in einen Gefrierbeutel füllen und eine kleine Ecke abschneiden. Die Schokolade spiralförmig auf die Schichttaler spritzen. Schokolade fest werden lassen.

KAROTTEN-LEBKUCHEN

Zubereitungszeit: 45 Minuten, ohne Abkühl- und Trockenzeit
Ruhezeit: über Nacht
Backzeit: etwa 20 Minuten
Haltbarkeit: etwa 2 Wochen

ZUTATEN FÜR 30 STÜCK

FÜR DEN TEIG:

5 Eier (Größe M)
50 g Zucker
4 g Hirschhornsalz
250 g gem. Haselnusskerne
50 g fein gewürfeltes Zitronat (Sukkade)
50 g fein gewürfeltes Orangeat
1 Pck. (15 g) Lebkuchengewürz
125 g fein geraspelte Karotten (Möhren)
100 g Weizenmehl
100 g Weizen-Vollkornmehl

etwa 30 Oblaten (Ø 7 cm)

ZUM GARNIEREN:

etwa 30 ganze Haselnusskerne
etwa 5 getrocknete Soft-Aprikosen
125 g Kuchenglasur Dunkel
100 g Kuchenglasur Haselnuss

ZUSÄTZLICH:

Ausstecher in Sternform (Ø 1–1 ½ cm)

PRO STÜCK:

E: 4 g, F: 10 g, Kh: 15 g, kcal: 166

1. Für den Teig Eier, Zucker und Hirschhornsalz mit einem Mixer (Rührstäbe) auf höchster Stufe schaumig rühren. Haselnüsse, Zitronat, Orangeat, Gewürz, Karotten und beide Mehlsorten hinzufügen. Zutaten auf niedrigster Stufe unterrühren. Teig zugedeckt über Nacht kalt stellen.

2. Den Backofen vorheizen.
Ober-/Unterhitze: etwa 200 °C
Heißluft: etwa 180 °C

3. Auf je eine Oblate einen gehäuften Esslöffel Teig geben, mit einem in Wasser getauchten Messer kuppelförmig verstreichen. Die Lebkuchen auf ein Backblech (mit Backpapier belegt) legen. Das Backblech in den vorgeheizten Backofen schieben. Die Karottenlebkuchen etwa 20 Minuten backen. Anschließend mit dem Backpapier auf einen Kuchenrost ziehen und erkalten lassen.

4. Zum Garnieren Haselnusskerne halbieren. Aus den Aprikosen kleine Sternchen ausstechen. 100 g dunkle Glasur und 100 g Haselnussglasur getrennt nach Packungsanleitung schmelzen.

5. Die Hälfte der Lebkuchen mit dunkler Glasur, die andere Hälfte mit Haselnussglasur bestreichen. Die dunklen Lebkuchen sofort mit halbierten Haselnusskernen und Aprikosensternchen garnieren. Glasuren trocknen lassen.

6. Die restliche dunkle Glasur schmelzen und einen kleinen Gefrierbeutel füllen. Eine kleine Ecke abschneiden. Die hellen Lebkuchen mit Glasurspiralen garnieren und trocknen lassen.

KIRSCHKEKSE MIT ROSENBLÜTENWASSER

Zubereitungszeit: 30 Minuten, ohne Abkühlzeit
Backzeit: etwa 25 Minuten je Backblech
Haltbarkeit: etwa 3 Wochen in gut schließenden Dosen

ZUTATEN FÜR 50 STÜCK

ZUM VORBEREITEN:

75 g getrocknete Kirschen
1 gestr. TL ger. Zitronenschale
1 EL Haferflocken (blütenzart)
3–4 EL Rosenblütenwasser (in Lebensmittelqualität, erhältlich in Bio-Läden, Apotheken)

FÜR DEN RÜHRTEIG:

150 g Butter oder Margarine (zimmerwarm)
100 g Puderzucker
1 Prise Salz
1 Pck. Vanillin-Zucker
1 Eigelb (Größe M)
200 g Weizenmehl
½ gestr. TL Backpulver
1 EL Milch

ZUM GARNIEREN:

75 g Puderzucker
1–2 EL Rosenblütenwasser (Lebensmittelqualität)
Nonpareilles (bunte Zuckerperlen)

PRO STÜCK:

E: 1 g, F: 3 g, Kh: 8 g, kcal: 59

1. Zum Vorbereiten Kirschen fein hacken, mit Zitronenschale und Haferflocken in eine Schüssel geben und mit Rosenblütenwasser mischen.

2. Den Backofen vorheizen.
Ober-/Unterhitze: etwa 160 °C
Heißluft: etwa 140 °C

3. Für den Teig Butter oder Margarine mit einem Mixer (Rührstäbe) auf höchster Stufe geschmeidig rühren. Nach und nach Puderzucker, Salz und Vanillin-Zucker unterrühren. Das Eigelb ebenfalls kurz unterrühren.

4. Mehl mit Backpulver mischen und auf mittlerer Stufe kurz unterrühren. Zuletzt Kirsch-Haferflocken-Masse und Milch kurz unterrühren.

5. Den Teig mit 2 Teelöffeln in walnussgroßen Häufchen mit etwas Abstand auf Backbleche (gefettet, mit Backpapier belegt) setzen. Die Backbleche nacheinander (bei Heißluft zusammen) in den vorgeheizten Backofen schieben. Die Kekse **etwa 25 Minuten je Backblech backen.**

6. Die Backbleche auf Kuchenroste stellen. Die Kekse darauf erkalten lassen. Anschließend die Kekse vom Backpapier nehmen.

7. Zum Garnieren Puderzucker mit so viel Rosenblütenwasser verrühren, dass ein dickflüssiger Guss entsteht. Auf jeden Keks einen dicken Klecks von dem Guss geben und sofort mit den Nonpareilles bestreuen. Guss fest werden lassen.

KNUSPRIGE HERZEN AM STIEL

Zubereitungszeit: 45 Minuten, ohne Kühl- und Trockenzeit
Backzeit: 10–15 Minuten je Backblech

ZUTATEN FÜR 30 STÜCK

FÜR DEN KNETTEIG:

300 g Weizenmehl
½ TL Backpulver
2 gestr. EL Zucker
1 Prise Salz
150 g Butter oder Margarine
100 g saure Sahne (10 % Fett)

FÜR DIE FÜLLUNG:

200 g weiße Schokolade
30 g rotes Johannisbeergelee
2–3 Tropfen Zitronen-Aroma
2 EL saure Sahne (10 % Fett)

ZUM DEKORIEREN:

150 g Puderzucker
2–3 EL Zitronensaft
etwas rote Speisefarbe
2 EL kleine Zuckerherzen

ZUSÄTZLICH:

Ausstecher in Herzform (Ø etwa 7 cm)
30 Holzspatel oder -stäbchen

PRO STÜCK:

E: 2 g, F: 7 g, Kh: 19 g, kcal: 147

1. Für den Teig Mehl mit Backpulver in einer Rührschüssel mischen. Zucker, Salz, Butter oder Margarine und saure Sahne hinzufügen. Die Zutaten mit einem Mixer (Knethaken) zunächst kurz auf niedrigster, dann auf höchster Stufe gut durcharbeiten. Anschließend auf einer leicht bemehlten Arbeitsfläche zu einem glatten Teig verkneten. Den Teig halbieren und jeweils in Frischhaltefolie wickeln. Den Teig etwa 1 Stunde in den Kühlschrank legen.

2. Den Backofen vorheizen.
Ober-/Unterhitze: etwa 200 °C
Heißluft: etwa 180 °C

3. Jeweils eine Teighälfte auf der leicht bemehlten Arbeitsfläche etwa 2 mm dick ausrollen. Aus dem Teig Herzen ausstechen und auf Backbleche legen (gefettet und mit Backpapier belegt). Herzen mit einer Gabel mehrmals einstechen.

4. Die Backbleche nacheinander in den vorgeheizten Backofen schieben (bei Heißluft zusammen). Die Herzen **10–15 Minuten je Backblech backen.** Die Gebäckherzen mit dem Backpapier auf Kuchenroste ziehen und erkalten lassen.

5. Für die Füllung Schokolade in kleine Stücke brechen, mit Gelee und Aroma in einem Topf im heißen Wasserbad bei schwacher Hitze unter Rühren schmelzen. Saure Sahne unterrühren.

6. Jeweils 1 Gebäckherz dick mit der Füllung bestreichen. Je einen Holzspatel oder ein Holzstäbchen in die Füllung drücken, ein weiteres Herz darauflegen und andrücken. Restliche Herzen auf die gleiche Weise verarbeiten. Füllung fest werden lassen.

7. Zum Dekorieren Puderzucker in eine kleine Schale geben. Zitronensaft tropfenweise dazugeben und zu einem dickflüssigen Guss verrühren. Den Guss mit etwas Speisefarbe rot färben. Den Guss mit einem Messer auf die Herzen streichen und mit Zuckerherzen garnieren. Den Guss trocknen lassen.

KOKOS-LIMETTEN-UFOS

- Zubereitungszeit: 150 Minuten, ohne Abkühlzeit
Backzeit: etwa 25 Minuten je Backblech
Haltbarkeit: kalt gestellt etwa 2 Wochen in gut schließenden Dosen
+ glutenfrei

ZUTATEN FÜR 50 STÜCK

FÜR DEN KNETTEIG:

40 g Kokosfett (zimmerwarm)
30 g Zucker, 1 Prise Salz
1 TL Bourbon-Vanille-Zucker
80 g Reismehl
50 g Kartoffelmehl (Kartoffelstärke)
1 Ei (Größe M)
1 Eigelb (Größe M)

ZUM BESTREUEN:

etwa 10 g gehackte Pistazienkerne

FÜR DIE MAKRONENMASSE:

1 Bio-Limette (unbehandelt, ungewachst)
50 g Kokosraspel
70 g Puderzucker
1 Eiweiß (Größe M), 1 Prise Salz

FÜR DIE FÜLLUNG:

100 g weiße Schokolade
1 Bio-Limette (unbehandelt, ungewachst)
2 EL Limettensaft (30 ml, von der Limette)
50 g Zucker
30 g Kokosfett (zimmerwarm)
20 g Puderzucker

ZUSÄTZLICH:

evtl. Ausstecher in Blattform (quadratisch, etwa 3 x 3 cm)
2 Spritzbeutel mit Lochtülle (Ø 8 mm)

PRO STÜCK:

E: 1 g, F: 3 g, Kh: 7 g, kcal: 59

1. Für den Teig Kokosfett mit Zucker, Salz und Vanille-Zucker in eine Rührschüssel geben und mit dem Mixer (Rührstäbe) cremig aufschlagen. Reis- und Kartoffelmehl mischen. Ei und Eigelb mit dem Mehlgemisch zur aufgeschlagenen Kokosfettmischung geben.

2. Die Zutaten mit einem Mixer (Knethaken) zunächst kurz auf niedrigster, dann auf höchster Stufe gut durcharbeiten. Anschließend auf einer leicht bemehlten Arbeitsfläche kurz zu einem Teig verkneten. (Den Teig nicht kalt stellen.)

3. Den Backofen vorheizen.
Ober-/Unterhitze: etwa 160 °C
Heißluft: etwa 140 °C

4. Den Teig auf der bemehlten Arbeitsfläche portionsweise etwa 2 mm dünn ausrollen. Mit dem Ausstecher etwa 100 Teigkekse ausstechen oder den Teig mit einem Messer in Quadrate schneiden. Die Teigquadrate auf 3 Backbleche (mit Backpapier belegt) legen.

5. Die Backbleche nacheinander (bei Heißluft zusammen) in den vorgeheizten Backofen schieben. Die Kekse **etwa 10 Minuten je Backblech backen.**

6. Die Backbleche auf Kuchenroste stellen. Die Kekse auf den Backblechen erkalten lassen. In der Zwischenzeit zum Bestreuen die Pistazienkerne sehr fein hacken oder mahlen.

7. Für die Makronenmasse die Limette heiß abwaschen, abtrocknen und die Schale fein abreiben. Kokosraspel, Limettenschale und die Hälfte des Puderzuckers in einem Blitzhacker sehr fein hacken.

8. Den Backofen vorheizen.
Ober-/Unterhitze: etwa 120 °C
Heißluft: etwa 100 °C

9. Eiweiß mit Salz mit einem Mixer (Rührstäbe) auf höchster Stufe steif schlagen. Der Schnee muss so fest sein, dass ein Messerschnitt sichtbar

bleibt. Restlichen Puderzucker kurz unterschlagen. Fein gehackte Kokos-Limetten-Mischung unterheben.

10. Die Makronenmasse in einen Spritzbeutel füllen. Auf jeden Keks in die Mitte einen Tupfen Makronenmasse spritzen und mit gemahlenen Pistazien bestreuen.

11. Die Backbleche nacheinander (bei Heißluft zusammen) in den vorgeheizten Backofen schieben. Die Kekse mit den Makronentupfen **etwa 15 Minuten je Backblech backen.** Dann die Kekse mit dem Backpapier von den Backblechen auf Kuchenroste ziehen und erkalten lassen.

12. Für die Füllung die Schokolade in Stücke brechen und in einem Topf im Wasserbad bei schwacher Hitze unter Rühren schmelzen. Schokolade unter gelegentlichem Rühren abkühlen lassen.

13. In der Zwischenzeit die Limette heiß abwaschen, abtrocknen und die Schale fein abreiben. Die Limette halbieren und den Saft auspressen. 2 Esslöffel Saft abmessen und mit dem Zucker in einem kleinen Topf bei mittlerer Hitze aufkochen. Sobald sich der Zucker aufgelöst hat und dicke Blasen aufsteigen, den Topf von der Kochstelle nehmen und die Schale hinzugeben. Den Sirup (ergibt etwa 1 Esslöffel) unter Rühren etwas abkühlen lassen.

14. Kokosfett und Puderzucker mit dem Mixer (Rührstäbe) schaumig rühren, Sirup unterrühren. Abgekühlte Schokolade langsam unterrühren.

15. Die Füllung etwa 20 Minuten in den Kühlschrank stellen, bis sie anfängt, fest zu werden. Füllung in einen Spritzbeutel füllen. Die Hälfte der Kekse auf der Unterseite mit Füllung bespritzen. Jeweils einen zweiten Keks daraufsetzen. Die Füllung fest werden lassen.

KÜRBIS-ANIS-STREIFEN

- Zubereitungszeit: 120 Minuten, ohne Kühl- und Abkühlzeit
Backzeit für das Baiser: etwa 70 Minuten
Backzeit für die Streifen: etwa 7 Minuten
Haltbarkeit: kalt gestellt etwa 2 Wochen in gut schließenden Dosen

ZUTATEN FÜR 32 STÜCK

FÜR DEN KNETTEIG:

50 g Weizenmehl
30 g Puderzucker
1 Prise Salz
25 g Butter oder Margarine
1 EL kaltes Wasser

FÜR DAS BAISER:

40 g Kürbiskerne
2 Eiweiß (Größe M)
1 TL Zitronensaft
100 g Zucker
50 g Puderzucker
1 gestr. TL gem. Anis
10 g Kartoffelmehl (Kartoffelstärke)
1 TL Anissamen

FÜR DIE FÜLLUNG:

80 g getrocknete Pflaumen (ohne Stein)
1 EL kochend heißes Wasser
40 g Kokosfett

ZUSÄTZLICH:

2 Spritzbeutel mit Lochtülle (Ø 7 mm)

PRO STÜCK:

E: 1 g, F: 3 g, Kh: 9 g, kcal: 61

1. Für den Teig Mehl mit Puderzucker und Salz in einer kleinen Rührschüssel oder einem Rührbecher vermischen. Butter oder Margarine mit dem Wasser hinzufügen. Die Zutaten mit einem Mixer (Knethaken) zunächst kurz auf niedrigster, dann auf höchster Stufe gut durcharbeiten.

2. Anschließend auf der leicht bemehlten Arbeitsfläche kurz zu einem Teig verkneten. Den Teig in Frischhaltefolie gewickelt mindestens 1 Stunde in den Kühlschrank legen.

3. Für das Baiser Kürbiskerne im Blitzhacker sehr fein hacken oder mahlen.

4. Eiweiß mit Zitronensaft mit dem Mixer (Rührstäbe) auf höchster Stufe steif schlagen. Nach und nach den Zucker einrieseln lassen, dabei so lange weiterschlagen, bis sich der Zucker aufgelöst hat und der Eischnee stark glänzt. Puderzucker, gemahlenen Anis, Kartoffelmehl und die Hälfte der vorbereiteten Kürbiskerne mischen und kurz auf niedrigster Stufe unterrühren.

5. Den Backofen vorheizen.
Ober-/Unterhitze: etwa 100 °C
Heißluft: etwa 80 °C

6. Restliche vorbereitete Kürbiskerne und Anissamen mischen. Die Baisermasse in einen Spritzbeutel füllen. Aus der Baisermasse insgesamt 64 getupfte Streifen (etwa 6 cm lang, dazu jeweils 4 Tupfen so dicht aneinanderspritzen, dass sie verbunden sind) auf 1–2 Backbleche (mit Backpapier belegt) spritzen. Die vorbereitete Kürbis-Anis-Mischung daraufstreuen.

7. Die Backbleche in den vorgeheizten Backofen schieben. Die Baiserstreifen **etwa 70 Minuten trocknen.** Bei Ober-/Unterhitze die Backofentür etwa 6-mal während der Backzeit kurz öffnen, damit die Feuchtigkeit entweichen kann. Außerdem die Backbleche nach der Hälfte der Backzeit im Ofen umsetzen.

8. Die Baisersteifen mit dem Backpapier von den Backblechen auf Kuchenroste ziehen und erkalten lassen.

9. Die Backofentemperatur um 80 °C auf Ober-/Unterhitze: etwa 180 °C, Heißluft: etwa 160 °C heraufschalten.

10. Den Knetteig auf der leicht bemehlten Arbeitsfläche etwa 2 mm dick ausrollen. Mit einem Messer etwa 32 Streifen (etwa 2 x 6 cm) ausschneiden. Die Streifen auf ein Backblech (mit Backpapier belegt) legen.

11. Das Backblech in den vorgeheizten Backofen schieben. Die Keksstreifen **etwa 7 Minuten backen.** Dann die Keksstreifen mit dem Backpapier vom Backblech auf einen Kuchenrost ziehen und darauf erkalten lassen.

12. Für die Füllung die Pflaumen fein hacken, mit dem kochenden Wasser in einem Rührbecher fein pürieren. Kokosfett in kleinen Stücken hinzugeben und alles zu einer glatten Creme pürieren.

13. Die Pflaumenfüllung in einen Spritzbeutel füllen. Jeweils auf die Unterseite der Baiserstreifen etwas Füllung spritzen. Jeweils 2 Baiser und einen Keksstreifen damit zusammensetzen. Leicht andrücken und die Füllung fest werden lassen.

KÜRBISKERN-PLÄTZCHEN MIT SAURER SAHNE

Zubereitungszeit: 25 Minuten, ohne Kühl- und Abkühlzeit
Backzeit: etwa 15 Minuten je Backblech
Haltbarkeit: etwa 2 Wochen in gut schließenden Dosen

ZUTATEN FÜR ETWA 50 STÜCK

FÜR DEN KNETTEIG:

250 g Weizenmehl
40 g Zucker
½ Pck. Bourbon-Vanille-Zucker
100 g saure Sahne
150 g Butter
70 g Kürbiskerne
80 g Hagelzucker

PRO STÜCK:

E: 1 g, F: 4 g, Kh: 6 g, kcal: 61

1. Für den Teig Mehl in eine Rührschüssel geben. Zucker, Vanille-Zucker, saure Sahne und Butter hinzufügen und mit einem Mixer (Knethaken) zunächst kurz auf niedrigster, dann auf höchster Stufe gut durcharbeiten. Anschließend auf einer leicht bemehlten Arbeitsfläche zu einem glatten Teig verkneten. Die Kürbiskerne unterkneten.

2. Den Teig halbieren und aus jeder Teighälfte eine etwa 25 cm lange Rolle formen. 50 g des Hagelzuckers auf die Arbeitsfläche streuen und die Teigrollen darin wälzen. Anschließend in Frischhaltefolie gewickelt für etwa 2 Stunden in den Kühlschrank legen, bis sie fest geworden sind.

3. Den Backofen vorheizen.
Ober-/Unterhitze: etwa 180 °C
Heißluft: etwa 160 °C

4. Die Teigrollen mit einem Sägemesser in etwa ½ cm dicke Scheiben schneiden. Die Scheiben auf Backbleche (mit Backpapier belegt) legen und mit dem restlichem Hagelzucker bestreuen.

5. Die Backbleche nacheinander (bei Heißluft zusammen) in den vorgeheizten Backofen schieben. Die Plätzchen **etwa 15 Minuten je Backblech backen.**

6. Die Kürbiskern-Plätzchen mit dem Backpapier von den Backblechen auf Kuchenroste ziehen. Die Plätzchen erkalten lassen.

KÜRBIS-ORANGEN-COOKIES

Zubereitungszeit: 40 Minuten, ohne Abkühlzeit
Backzeit: etwa 15 Minuten

ZUTATEN FÜR 8–9 GROSSE COOKIES

ZUM VORBEREITEN:

30 g Kürbiskerne
½ Pck. Orangenschalen-Aroma

FÜR DEN TEIG:

125 g Butter (zimmerwarm)
100 g Zucker
1 Pck. Vanillin-Zucker
1 Ei (Größe S)
100 g Weizenmehl
40 g Speisestärke
1 gestr. TL Backpulver

PRO STÜCK:

E: 3 g, F: 15 g, Kh: 26 g, kcal: 248

1. Zum Vorbereiten die Kürbiskerne im Blitzhacker oder mit einem Messer sehr fein hacken. Die gehackten Kürbiskerne mit dem Orangenschalen-Aroma mischen.

2. Für den Teig Butter mit Zucker und Vanillin-Zucker in eine Rührschüssel geben. Die Zutaten mit einem Mixer (Rührstäbe) zunächst kurz auf niedrigster, dann auf höchster Stufe schaumig schlagen. Das Ei hinzugeben und etwa 1 Minute unterschlagen.

3. Mehl mit Stärke und Backpulver gut vermischen. Die Mehlmischung auf die Butter-Ei-Masse geben und mit einem Teigschaber unterheben. Den Teig in 2 gleich große Portionen teilen.

4. Eine Teigportion in einem tiefen Teller verstreichen. Die Kürbiskern-Orangenschalen-

Mischung unter den restlichen Teig rühren. Den Kürbis-Teig auf die andere Teighälfte im Teller geben und glatt streichen.

5. Den Backofen vorheizen.
Ober-/Unterhitze: etwa 180 °C
Heißluft: etwa 160 °C

6. Von dem geschichteten Teig mit 2 Esslöffeln oder einem Eisportionierer gleich große Häufchen abstechen und auf ein Backblech (gefettet, mit Backpapier belegt) setzen, dabei genügend Abstand zwischen den Teighäufchen lassen. Die Teighäufchen mit einem in Wasser getauchten Löffel nur etwas flach streichen (der Teig läuft beim Backen noch auseinander).

7. Das Backblech in den vorgeheizten Backofen schieben. Die Kürbis-Orangen-Cookies **etwa 15 Minuten backen.**

8. Kürbis-Orangen-Cookies mit dem Backpapier von dem Backblech auf einen Kuchenrost ziehen und erkalten lassen.

LAVA-KEKSE

Zubereitungszeit: 25 Minuten, ohne Abkühlzeit
Backzeit: etwa 10 Minuten je Backblech

ZUTATEN FÜR ETWA 32 STÜCK

FÜR DEN TEIG:

150 g Butter oder Margarine (zimmerwarm)
150 g brauner Zucker
2 Pck. Vanille-Zucker
1 Ei (Größe M)
20 g gesiebtes Kakaopulver
160 g Dinkelmehl (Type 1050)
1 gestr. TL Backpulver
50 g gem. Haselnusskerne
16 Sahne-Toffees oder Weichkaramellen (etwa 225 g)

PRO STÜCK:

E: 1 g, F: 6 g, Kh: 14 g, kcal: 120

1. Den Backofen vorheizen.
Ober-/Unterhitze: etwa 200 °C
Heißluft: etwa 180 °C

2. Für den Teig Butter oder Margarine mit einem Mixer (Rührstäbe) weiß-schaumig aufschlagen. Zucker und Vanille-Zucker mischen und unterrühren, bis er sich fast gelöst hat. Das Ei kurz unterschlagen.

3. Kakao mit Mehl, Backpulver und Haselnusskernen mischen und unter die Butter-Zucker-Masse rühren. Sahnetoffees aus dem Papier wickeln und längs halbieren. Mit zwei Teelöffeln kleine Häufchen auf zwei Backbleche (leicht gefettet, mit Backpapier belegt) mit genügend Abstand setzen. Dabei sollten sich 16 Teighäufchen je Backblech ergeben. Auf jedes Teighäufchen einen halbierten Sahnetoffee legen und mit etwas Teig bedecken.

4. Die Backbleche nacheinander (bei Heißluft zusammen) in den vorgeheizten Backofen schieben. Die Kekse **etwa 10 Minuten je Backblech backen.**

5. Die Backbleche auf Kuchenroste stellen und die Kekse erkalten lassen.

VARIANTE:

Für einen Schoko-Lava-Keks können Sie statt Toffees auch Vollmilch-Schokoladen-Stücke verwenden. Diese ebenso auf die Teighäufchen legen.

LEBKUCHEN-NUSS-QUADRATE

- Zubereitungszeit: 25 Minuten, ohne Kühl- und Abkühlzeit
  Backzeit: etwa 15 Minuten je Backblech
  Haltbarkeit: 3–4 Wochen in einer gut schließenden Dose

ZUTATEN FÜR 70 STÜCK

FÜR DEN KNETTEIG:

150 g Pekannusskerne
200 g Weizenmehl
½ gestr. TL Backpulver
2–3 gestr. TL Lebkuchengewürz
60 g Zucker, 1 Prise Salz
½ Pck. ger. Zitronenschale
70 g flüssiger Honig
1 Eigelb (Größe M)
150 g Butter oder Margarine

PRO STÜCK:

E: 1 g, F: 3 g, Kh: 4 g, kcal: 49

1. Für den Teig die Nusskerne klein hacken. Mehl mit Backpulver und Lebkuchengewürz in einer Rührschüssel mischen. Zucker, Salz, Zitronenschale, Honig, Eigelb, Butter oder Margarine und die gehackten Nusskerne hinzufügen.

2. Die Zutaten mit einem Mixer (Knethaken) zunächst kurz auf niedrigster, dann auf höchster Stufe gut durcharbeiten. Anschließend auf der leicht bemehlten Arbeitsfläche zu einem glatten Teig verkneten.

3. Aus dem Teig 2 quadratische Stangen (je etwa 4 x 4 x 20 cm) formen. Teigstangen in Frischhaltefolie gewickelt etwa 2 Stunden in den Kühlschrank stellen.

4. Den Backofen vorheizen.
Ober-/Unterhitze: etwa 180 °C
Heißluft: etwa 160 °C

5. Die Teigstangen mit einem Sägemesser in knapp ½ cm dicke Scheiben schneiden. Dabei die Stangen immer wieder drehen, damit die Scheiben gleichmäßig abgeschnitten werden.

6. Die Teigscheiben auf 2 Backbleche (mit Backpapier belegt) legen. Die Backbleche nacheinander (bei Heißluft zusammen) in den vorgeheizten Backofen schieben. Die Kekse **etwa 15 Minuten je Backblech backen.**

7. Die Kekse mit dem Backpapier von den Backblechen auf Kuchenroste ziehen und erkalten lassen.

VARIANTE:

Die Pekannusskerne können durch Walnuss- oder Haselnusskerne ersetzt werden.

LEBKUCHEN-SCHOKOBERGE

- Zubereitungszeit: 45 Minuten, ohne Abkühlzeit
  Backzeit: etwa 10 Minuten je Backblech
  Trockenzeit: etwa 1 Stunde
  Haltbarkeit: etwa 4 Wochen
- \+ glutenfrei

ZUTATEN FÜR 40 STÜCK

ZUM VORBEREITEN:

200 g geschälte, gekochte Maronen (Esskastanien)
120 g getrocknete Aprikosen

FÜR DEN TEIG:

3 Eier (Größe M)
1 Prise Salz
100 g Zucker
200 g gem. Haselnusskerne
120 g Kastanienmehl (erhältlich im Reformhaus oder Bioladen)
1 gestr. TL Natron
2 gestr. TL gem. Zimt
½ TL gem. Piment (Nelkenpfeffer)

etwa 40 glutenfreie Backoblaten (Ø etwa 5 cm)

FÜR DEN GUSS:

400 g Vollmilch-Kuvertüre
1 EL Speiseöl, z. B. Sonnenblumenöl

ZUSÄTZLICH:

Backpinsel

PRO STÜCK:

E: 2 g, F: 7 g, Kh: 12 g, kcal: 118

1. Zum Vorbereiten die Maronen und Aprikosen in kleine Würfel schneiden.

2. Für den Teig die Eier mit Salz und Zucker mit einem Mixer (Rührstäbe) auf höchster Stufe in etwa 5 Minuten schaumig schlagen.

3. Maronen- und Aprikosenwürfel, Haselnusskerne, Kastanienmehl, Natron, Zimt und Piment mischen, auf den Eierschaum geben. Die Zutaten mit dem Mixer (Knethaken) gut verkneten.

4. Die Oblaten mit etwas Abstand auf Backbleche (mit Backpapier belegt) legen. Je 1 Esslöffel des Lebkuchenteiges auf je 1 Oblate geben, mit einem feuchten Messer glatt streichen. Die Lebkuchen **etwa 1 Stunde bei Zimmertemperatur trocknen lassen.**

5. Den Backofen vorheizen.
Ober-/Unterhitze: etwa 190 °C
Heißluft: etwa 170 °C

6. Die Backbleche nacheinander (bei Heißluft zusammen) in den vorgeheizten Backofen schieben. Die Lebkuchen **etwa 10 Minuten je Backblech backen.**

7. Die Lebkuchen mit dem Backpapier von den Backblechen auf Kuchenroste ziehen und erkalten lassen.

8. Für den Guss Kuvertüre in kleine Stücke hacken. Zwei Drittel davon mit dem Speiseöl in einem Topf im Wasserbad bei schwacher Hitze unter Rühren schmelzen. Den Topf aus dem Wasserbad nehmen und die restliche Kuvertüre darin unter Rühren schmelzen. Die erkalteten Lebkuchen mit der Oberseite in die Kuvertüre tauchen. Die überschüssige Kuvertüre mit einem Pinsel abstreichen. Die Lebkuchen auf Backpapier setzen. Den Guss trocknen lassen.

LEBKUCHEN-WEIHNACHTSHERZEN

◔ Zubereitungszeit: 60 Minuten, ohne Kühl- und Abkühlzeit
Backzeit: 15–18 Minuten je Backblech
+ vegan

ZUTATEN FÜR 30 BZW. 80 STÜCK

FÜR DEN TEIG:

200 g flüssiger Honig
80 g brauner Zucker
125 g vegane Margarine (aus dem Folienpäckchen)
560 g Weizenmehl
4 gestr. TL Backpulver
1 TL gem. Zimt
½ TL gem. Gewürznelken
⅓ TL gem. Anis
⅓ TL gem. Kardamom
⅓ TL gem. Koriander
1 Msp. gem. Muskatnuss
16 g Ei-Ersatzpulver (aus dem Bio-Laden)
60 ml Wasser

FÜR DEN GUSS:

100 g Puderzucker
3–4 TL Zitronensaft

ZUSÄTZLICH:

Ausstecher in Herzform (Größe 6 cm bzw. 10 cm)
Die große Form ergibt etwa 30 Plätzchen, die kleine 80 Stück.

PRO STÜCK:

E: 1 g, F: 1 g, Kh: 9 g, kcal: 53

1. Für den Teig Honig, Zucker und vegane Margarine in einen Topf geben und langsam erwärmen, bis der Zucker sich gelöst hat. Die Honig-Zucker-Masse in eine Rührschüssel füllen und erkalten lassen.

2. Mehl, Backpulver, Gewürze und Ei-Ersatzpulver mischen und mit dem Wasser zu der Honig-Zucker-Masse geben. Die Zutaten mit einem Mixer (Knethaken) zu einem glatten Teig verkneten. Den Teig flach formen und in Frischhaltefolie gewickelt etwa 90 Minuten in den Kühlschrank legen.

3. Den Backofen vorheizen.
Ober-/Unterhitze: etwa 180 °C
Heißluft: etwa 160 °C

4. Den Teig auf einer leicht bemehlten Arbeitsfläche nochmals gut durchkneten und etwa ½ cm dick ausrollen und große oder kleine Herzen ausstechen. Die Herzen auf zwei Backbleche (gefettet, mit Backpapier belegt) legen.

5. Die Backbleche nacheinander (bei Heißluft zusammen) in den vorgeheizten Backofen schieben. Die Lebkuchenherzen **etwa 15 Minuten je Backblech backen.**

6. Die Lebkuchenkerzen mit dem Backpapier von den Backblechen auf Kuchenroste ziehen und erkalten lassen.

7. Für den Guss Puderzucker und Zitronensaft zu einem dickflüssigen Guss verrühren, in einen Gefrierbeutel füllen und eine kleine Spitze abschneiden. Die Lebkuchenherzen mit Linien filigran verzieren. Guss trocknen lassen.

TIPP:

Mit einem Band oder einer Schleife versehen, lassen sie sich die Herzen auch als Weihnachtsbaumschmuck verwenden oder zum Geburtstag mit dem Guss beschriften. Dafür vor dem Backen ein Loch für das Band ausstechen. Vor dem Dekorieren die Herzen vollständig erkalten lassen.

VARIANTE:

Für nicht vegane Lebkuchen ersatzweise statt Ei-Ersatzpulver einfach 2 Eier (Größe M) verwenden.

LIEBLINGS-CRUNCHY-KEKSE

Zubereitungszeit: 35 Minuten, ohne Abkühlzeit
Backzeit: 15–18 Minuten je Backblech

ZUTATEN FÜR 40 STÜCK

FÜR DEN TEIG:

100 g Butter oder Margarine (zimmerwarm)
100 g Zucker
2 Pck. Bourbon-Vanille-Zucker
100 g gebackenes Dinkel-Müsli (Dinkel Crunchy)
100 g Sonnenblumenkerne
100 g gehobelte Haselnusskerne
50 g Erdmandelmehl
2 Eiweiß (Größe M)
1 Prise Salz

FÜR DEN GUSS:

150 g Vollmilch-Kuchenglasur

PRO STÜCK:

E: 2 g, F: 7 g, Kh: 8 g, kcal: 97

1. Den Backofen vorheizen.
Ober-/Unterhitze: etwa 180 °C
Heißluft: etwa 160 °C

2. Für den Teig Butter oder Margarine mit einem Mixer (Rührstäbe) auf höchster Stufe aufschlagen. Zucker mit Vanille-Zucker mischen und unterrühren, bis der Zucker sich fast gelöst hat.

3. Gebackenes Dinkel-Müsli grob zerbröseln und mit Sonnenblumenkernen, gehobelten Haselnusskernen und Erdmandelmehl unter die Butter-Zucker-Masse heben. Eiweiß und Salz mit einem Mixer (Rührstäbe) sehr steif schlagen und unter die Teigmasse heben.

4. Jeweils nacheinander einen gehäuften Esslöffel Teig auf zwei Backbleche (leicht gefettet, mit Backpapier belegt) setzen. Dabei genügend Abstand lassen. Die Teighäufchen etwas flach drücken und anschließend rund formen.

5. Die Backbleche nacheinander (bei Heißluft zusammen) in den vorgeheizten Backofen schieben. Die Kekse **etwa 5 Minuten je Backblech vorbacken.**

6. Danach die Backofentemperatur auf Ober-/Unterhitze: etwa 200 °C, Heißluft: etwa 180 °C heraufschalten und die Kekse in **weiteren 10–13 Minuten fertig backen,** bis sie knusprig goldbraun sind.

7. Die Backbleche auf Kuchenroste stellen. Die Kekse auf den Backblechen etwa 10 Minuten abkühlen lassen. Dann die Kekse mit einem großen Messer einmal schräg durchschneiden. Die Kekshälften vollständig erkalten lassen.

8. Für den Guss die Kuchenglasur nach Packungsanleitung schmelzen und in eine kleine Schüssel füllen. Die Kekse zu einem Drittel in die Glasur tauchen, abtropfen lassen und zum Festwerden auf Backpapier setzen.

TIPPS:

Ersatzweise können Sie statt Erdmandelmehl auch Dinkelmehl (Type 1050) verwenden.

LINZER PLÄTZCHEN

● Zubereitungszeit: 45 Minuten, ohne Kühl- und Abkühlzeit
Backzeit: 12–14 Minuten je Backblech
+ vegan

ZUTATEN FÜR ETWA 50 STÜCK

FÜR DEN TEIG:

400 g Vollkornweizenmehl
150 g gem. Haselnusskerne
2 gestr. TL Backpulver
100 g Zucker
½ TL gem. Zimt
1/3 TL gem. Gewürznelken
250 g vegane Margarine (aus dem Folienpäckchen)
4 EL Pflanzendrink, z. B. Mandel oder Hafer

FÜR DIE FÜLLUNG:

150–200 g Himbeerkonfitüre
2 EL Puderzucker

ZUSÄTZLICH:

Ausstecher rund oder in Blütenform (Ø 3–4 cm)
Ausstecher rund oder in Sternform (Ø etwa 2 cm)

PRO STÜCK:

E: 1 g, F: 6 g, Kh: 9 g, kcal: 100

1. Für den Teig Mehl, Haselnusskerne, Backpulver, Zucker, Zimt und Nelken in einer Rührschüssel mischen. Margarine und Pflanzendrink hinzugeben. Die Zutaten mit einem Mixer (Knethaken) zunächst kurz auf niedrigster, dann auf höchster Stufe zu einem glatten Teig verarbeiten. Den Teig flach formen, in Frischhaltefolie gewickelt etwa 1 Stunde in den Kühlschrank legen.

2. Den Backofen vorheizen.
Ober-/Unterhitze: etwa 180 °C
Heißluft: etwa 160 °C

3. Den Teig zwischen zwei leicht mit Mehl bestäubten Bogen Backpapier etwa 3 mm dick ausrollen. Die großen Ausstechformen kurz in Mehl tauchen und anschließend Plätzchen ausstechen. Die Plätzchen auf zwei Backbleche (leicht gefettet, mit Backpapier belegt) legen. Für die Oberteile aus der Hälfte der Plätzchen mit den kleinen Ausstechern innen Kreise oder Sterne ausstechen und mit auf die Backbleche legen.

4. Die Backbleche nacheinander (bei Heißluft zusammen) in den vorgeheizten Backofen schieben. Die Plätzchen **12–14 Minuten je Backblech backen.** Die Plätzchen mit dem Backpapier von den Backblechen auf Kuchenroste ziehen und erkalten lassen.

5. Für die Füllung Konfitüre glatt rühren und auf jedes große, geschlossene Plätzchen etwa ½ Teelöffel Konfitüre setzen. Die gelochten Plätzchen mit Puderzucker bestäuben und als Oberteil daraufsetzen.

6. Nach Belieben zusätzlich mit den kleinen Ausstech-Plätzchen und Sternen dekorieren.

VARIANTE:

Sie können auch eine Nuss-Nougat-Buttercreme auf die Plätzchen setzen. Dafür 100 g vegane Nuss-Nougat-Creme mit 50 g veganer Margarine (zimmerwarm) glatt rühren und auf den geschlossenen Plätzchen verteilen. Die gelochten Plätzchen wie beschrieben als Deckel daraufsetzen. Statt Puderzucker dann einfach einige gehackte Haselnusskerne auf die Nuss-Nougat-Füllung streuen.

LUCYS SCHOKO-KIRSCHGEBÄCK

Zubereitungszeit: 65 Minuten, ohne Abkühlzeit
Backzeit: etwa 18 Minuten je Backblech
+ vegan

ZUTATEN FÜR ETWA 65 STÜCK

FÜR DEN TEIG:

250 g vegane Margarine (zimmerwarm)
250 g Zucker
2 Pck. Bourbon-Vanille-Zucker
450 g Dinkelmehl (Type 1050)
2 gestr. TL Backpulver
30 g gesiebtes Kakaopulver
24 g Ei-Ersatzpulver
1 ½ TL Wasser
100 ml Pflanzendrink, z. B. Haferdrink

FÜR DEN GUSS:

30 g getrocknete Kirschen
120 g Puderzucker
2–3 EL Kirschsaft (oder Zitronensaft, vermischt mit roter Speisefarbe)
15 g gehackte Pistazienkerne

ZUSÄTZLICH:

Großer Spritzbeutel mit Sterntülle (Ø ½–1 cm) oder quadratischer Lochtülle (Ø 1 x 1 cm)

PRO STÜCK:

E: 1 g, F: 3 g, Kh: 11 g, kcal: 83

1. Den Backofen vorheizen.
Ober-/Unterhitze: etwa 180 °C
Heißluft: etwa 160 °C

2. Für den Teig Margarine in einer Rührschüssel mit einem Mixer (Rührstäbe) auf höchster Stufe geschmeidig rühren. Nach und nach Zucker und Vanille-Zucker unterrühren. So lange rühren, bis eine gebundene Masse entstanden ist.

3. Mehl mit Backpulver, Kakao und Ei-Ersatzpulver mischen. Nach und nach abwechselnd mit Wasser und Pflanzendrink auf mittlerer Stufe kurz unterrühren.

4. Den Teig in den Spritzbeutel füllen und den Buchstaben „L“ nacheinander auf zwei Backbleche (leicht gefettet, mit Backpapier belegt) spritzen.

5. Die Backbleche nacheinander (bei Heißluft zusammen) in den vorgeheizten Backofen schieben. Das Spritzgebäck **etwa 18 Minuten je Backblech backen.**

6. Das Spritzgebäck mit dem Backpapier von den Backblechen auf Kuchenroste ziehen. Spritzgebäck erkalten lassen.

7. Für den Guss die Kirschen sehr fein hacken. Puderzucker mit Kirschsaft zu einem glatten Guss verrühren. Das Spritzgebäck damit verzieren. Mit gehackten Kirschen und Pistazienkernen bestreuen.

VARIANTE:

Für knusprige Schoko-Kirschtaler 30 g fein gehackte Kirschen unter den Teig mischen und runde Tupfen auf das Backpapier spritzen. Die Taler dann einfach unverziert servieren.

MANDEL-CURRY-KEKSE

Zubereitungszeit: 25 Minuten, ohne Kühl- und Abkühlzeit
Backzeit: etwa 15 Minuten je Backblech
Haltbarkeit: 3–4 Wochen in einer gut schließenden Dose

ZUTATEN FÜR 80 STÜCK

FÜR DEN KNETTEIG:

30 g kandierter Ingwer
1–2 gestr. TL Currypulver
100 g abgezogene, gem. Mandeln
170 g Weizenmehl
½ gestr. TL Backpulver
120 g brauner Zucker (Kandisfarin)
1 Prise Salz
1 Ei (Größe M)
100 g Butter oder Margarine

PRO STÜCK:

E: 1 g, F: 2 g, Kh: 3 g, kcal: 32

1. Für den Teig den Ingwer fein hacken, mit Curry und Mandeln mischen. Das Mehl mit Backpulver in einer Rührschüssel mischen. Mandel-Curry-Mischung, Zucker, Salz, Ei und Butter oder Margarine hinzufügen. Die Zutaten mit einem Mixer (Knethaken) zunächst kurz auf niedrigster, dann auf höchster Stufe gut durcharbeiten.

2. Anschließend auf der leicht bemehlten Arbeitsfläche zu einem glatten Teig verkneten. Aus dem Teig 2 quadratische Stangen (Länge jeweils etwa 23 cm) formen. Die Teigstangen in Frischhaltefolie gewickelt etwa 2 Stunden in den Kühlschrank stellen.

3. Den Backofen vorheizen.
Ober-/Unterhitze: etwa 180 °C
Heißluft: etwa 160 °C

4. Die Teigstangen mit einem Sägemesser in gut ½ cm dicke Scheiben schneiden. Dabei die Stangen immer wieder drehen, damit die Scheiben gleichmäßig abgeschnitten werden.

5. Die Teigscheiben auf Backbleche (mit Backpapier belegt) legen. Die Backbleche nacheinander (bei Heißluft zusammen) in den vorgeheizten Backofen schieben. Die Mandel-Curry-Kekse **etwa 15 Minuten je Backblech backen.**

6. Die Kekse mit dem Backpapier von den Backblechen auf Kuchenroste ziehen. Mandel-Curry-Kekse erkalten lassen.

TIPP:

Curry, Ingwer und Mandel harmonieren sehr gut zusammen. Probieren Sie die Kekse auch als Begleiter zu einem Aperitiv aus.

MARMOR-KEKSE

Zubereitungszeit: 40 Minuten, ohne Abkühlzeit
Backzeit: 15–20 Minuten

ZUTATEN FÜR 8–9 GROSSE KEKSE

FÜR DEN TEIG:

100 g Butter (zimmerwarm)
100 g Zucker
1 Pck. Vanillin-Zucker
1 Ei (Größe S)
150 g Weizenmehl
50 g Speisestärke
1 gestr. TL Backpulver
1 EL gesiebter Kakao
1–2 EL Milch

PRO STÜCK:

E: 3 g, F: 11 g, Kh: 31 g, kcal: 235

1. Für den Teig Butter mit Zucker und Vanillin-Zucker in eine Rührschüssel geben. Zutaten mit einem Mixer (Rührstäbe) zunächst kurz auf niedrigster, dann auf höchster Stufe schaumig schlagen. Das Ei hinzufügen und etwa 1 Minute unterschlagen.

2. Das Mehl mit der Stärke und dem Backpulver gut vermischen, auf die Butter-Ei-Masse geben und mit einem Teigschaber unterheben. Den Teig in 2 gleich große Portionen teilen.

3. Eine Teigportion in einem tiefen Teller verstreichen. Kakao und Milch unter den restlichen Teig rühren. Den dunklen Teig auf die Teighälfte in den Teller geben und glatt streichen.

4. Den Backofen vorheizen.
Ober-/Unterhitze: etwa 180 °C
Heißluft: etwa 160 °C

5. Von dem geschichteten Teig mit 2 Esslöffeln gleich große, runde Häufchen abstechen und auf ein Backblech (gefettet, mit Backpapier belegt) setzen, dabei genügend Abstand zwischen den Teighäufchen lassen. Die Teighäufchen mit einem in Wasser getauchten Löffel zu großen, flachen Keksen verstreichen.

6. Das Backblech in den vorgeheizten Backofen schieben. Die Marmor-Kekse **15–20 Minuten backen.**

7. Kekse mit dem Backpapier von dem Backblech auf einen Kuchenrost ziehen und erkalten lassen.

MARZIPAN-KIRSCHBLÜTEN

Zubereitungszeit: 50 Minuten, ohne Kühl- und Abkühlzeit
Backzeit: 10–12 Minuten je Backblech

ZUTATEN FÜR ETWA 45 STÜCK

FÜR DEN KNETTEIG:

100 g geröstete, gesalzene Macadamianusskerne
170 g Weizenmehl
½ gestr. TL Backpulver
100 g Zucker
1 Eigelb (Größe M)
100 g Butter oder Margarine
2 EL kaltes Wasser

FÜR DIE FÜLLUNG:

70 g abgetropfte Amarena-Kirschen (aus dem Glas)
100 g Marzipan-Rohmasse
30 g Butter (zimmerwarm)

FÜR DEN GUSS:

150 g Puderzucker
2 EL Amarena-Sirup (von den abgetropften Kirschen)
1–2 EL Zitronensaft
evtl. etwas rote Speisefarbe

ZUSÄTZLICH:

Ausstecher in Blütenform (Ø etwa 4 cm)

PRO STÜCK:

E: 1 g, F: 5 g, Kh: 11 g, kcal: 91

1. Für den Teig Macadamianusskerne im Blitzhacker oder mit einem Messer sehr fein hacken.

2. Mehl mit gehackten Nusskernen und Backpulver mischen und in eine Rührschüssel geben. Zucker, Eigelb, Butter oder Margarine und Wasser hinzufügen und mit einem Mixer (Knethaken) zunächst kurz auf niedrigster, dann auf höchster Stufe gut durcharbeiten.

3. Anschließend den Teig auf der leicht bemehlten Arbeitsfläche kurz verkneten. Sollte der Teig kleben, ihn in Frischhaltefolie gewickelt eine Zeit lang kalt stellen.

4. Dann den Backofen vorheizen.
Ober-/Unterhitze: etwa 180 °C
Heißluft: etwa 160 °C

5. Den Teig auf der leicht bemehlten Arbeitsfläche etwa 2 mm dünn ausrollen. Etwa 90 Blüten ausstechen. Die Teigblüten auf Backbleche (mit Backpapier belegt) legen. Die Backbleche nacheinander (bei Heißluft zusammen) in den vorgeheizten Backofen schieben. Die Plätzchen **10–12 Minuten je Backblech backen.**

6. Die Plätzchen mit dem Backpapier auf Kuchenroste ziehen und erkalten lassen.

7. Für die Füllung die Amarena-Kirschen abtropfen lassen und sehr fein hacken. Marzipan in kleine Stücke schneiden. Marzipan mit Butter und gehackten Kirschen mit einem Mixer (Rührstäbe) zu einer glatten Masse verrühren. Die Marzipanmasse in einen kleinen Gefrierbeutel füllen und eine Ecke abschneiden.

8. Die Hälfte der Plätzchen umgedreht auf die Arbeitsfläche legen und etwas Marzipanmasse daraufspritzen. Die restlichen Plätzchen darauflegen und leicht andrücken.

9. Für den Guss Puderzucker mit Sirup und Zitronensaft glatt rühren und evtl. etwas rot färben. Den Guss in einen kleinen Gefrierbeutel füllen und eine kleine Ecke abschneiden. Den Guss in Streifen, von innen nach außen, auf die Blüten spritzen. Den Guss fest werden lassen.

MATCHA-TEE-MADELEINES

Zubereitungszeit: 25 Minuten, ohne Kühl- und Abkühlzeit
Backzeit: 12–15 Minuten je Form

ZUTATEN FÜR 24 STÜCK

ZUM VORBEREITEN:

30 g ungeschälte Sesamsamen

FÜR DEN TEIG:

100 g Butter
2 Eier (Größe M)
100 g Zucker
50 ml Milch (3,5 % Fett)
1 TL Zitronensaft
150 g Weizenmehl
1 gestr. TL Backpulver
2 gestr. TL Matcha-Tee-Pulver

1 ½ EL Puderzucker zum Bestäuben

ZUSÄTZLICH:

Madeleine-Form (für 12 Stück)

PRO STÜCK:

E: 2 g, F: 5 g, Kh: 10 g, kcal: 94

1. Zum Vorbereiten Sesam in einer Pfanne ohne Fett unter Wenden goldbraun rösten, dann auf einem Teller erkalten lassen.

2. Für den Teig Butter zerlassen und lauwarm abkühlen lassen. Eier und Zucker mit dem Mixer (Rührstäbe) auf höchster Stufe schaumig rühren. Milch und Zitronensaft auf mittlerer Stufe unterrühren.

3. Mehl mit Backpulver mischen und auf mittlerer Stufe kurz unter die Eiermischung rühren. Butter, Matcha-Tee-Pulver und den Sesam kurz unterrühren. Den Teig zugedeckt etwa 30 Minuten in den Kühlschrank stellen.

4. Den Backofen vorheizen.
Ober-/Unterhitze: etwa 200 °C
Heißluft: etwa 180 °C.

5. Die Hälfte des Teiges gleichmäßig in den Mulden der Madeleines-Form (gefettet) verteilen. Die Form auf dem Rost in den vorgeheizten Backofen schieben. Die Matcha-Tee-Madeleines **12–15 Minuten backen.**

6. Die Form auf einen Kuchenrost stellen. Matcha-Tee-Madeleines etwas abkühlen lassen, dann aus der Form lösen. Die Madeleine-Form säubern, gut abtrocknen und nochmals fetten. Restlichen Teig einfüllen und wie oben beschrieben backen.

7. Die Madeleines vor dem Servieren mit Puderzucker bestäuben.

TIPP:

Die Madeleines zur Hälfte in flüssige weiße Kuvertüre tauchen.

MINZ-SCHOKO-BÄRENTATZEN

- Zubereitungszeit: 60 Minuten, ohne Abkühlzeit
  Backzeit: etwa 10 Minuten je Backblech
  Haltbarkeit: kühl gestellt etwa 2 Wochen, in gut schließenden Dosen

ZUTATEN FÜR 40 STÜCK

FÜR DEN TEIG:

150 g Butter (zimmerwarm)
80 g Puderzucker
1 Prise Salz
1 Ei (Größe M)
260 g Weizenmehl
20 g gesiebtes Kakaopulver

FÜR DIE FÜLLUNG:

120 g Pfefferminztaler
50 g Butter

ZUSÄTZLICH:

Spritzbeutel mit Sterntülle (Ø etwa 1 ½ cm)

PRO STÜCK:

E: 1 g, F: 5 g, Kh: 9 g, kcal: 84

1. Den Backofen vorheizen.
Ober-/Unterhitze: etwa 190 °C
Heißluft: etwa 170 °C

2. Für den Teig Butter mit Puderzucker, Salz und Ei in einer Rührschüssel mit einem Mixer (Rührstäbe) zunächst kurz auf niedrigster, dann auf höchster Stufe in etwa 4 Minuten schaumig schlagen.

3. Das Mehl mit dem Kakao mischen und mit einem Teigschaber unterheben. Dabei die Mischung so kurz wie möglich unterheben, damit der Teig nicht zäh wird.

4. Den Teig in den Spritzbeutel füllen und als Bärentatzen auf Backbleche (gefettet, mit Backpapier belegt) spritzen. Dabei genügend Abstand zwischen den Bärentatzen lassen.

5. Die Backbleche nacheinander (bei Heißluft zusammen) in den vorgeheizten Backofen schieben. Die Bärentatzen **etwa 10 Minuten je Backblech backen.**

6. Die Bärentatzen mit dem Backpapier von den Backblechen auf Kuchenroste ziehen und erkalten lassen.

7. Für die Füllung die Pfefferminztaler in sehr kleine Stücke schneiden und in eine Rührschüssel geben. Die Butter hinzufügen. Die Pfefferminzbutter mit einem Mixer (Rührstäbe) zunächst kurz auf niedrigster, dann auf höchster Stufe schaumig schlagen.

8. Die Hälfte der Bärentatzen auf der Unterseite mit etwas Pfefferminzbutter bestreichen. Die restlichen Bärentatzen daraufsetzen und leicht andrücken.

MOKKASTANGEN

Zubereitungszeit: 45 Minuten, ohne Kühl- und Abkühlzeit
Backzeit: 15–20 Minuten

ZUTATEN FÜR 48 STÜCK

ZUM VORBEREITEN

10 g Kaffeebohnen
1–2 TL Instant-Espressopulver
1 EL heißes Wasser

FÜR DEN KNETTEIG:

200 g Weizenmehl
½ gestr. TL Backpulver
100 g Zucker
1 Pck. Bourbon-Vanille-Zucker
1 Prise Salz
1 Eigelb (Größe M)
2 EL Milch
100 g Butter oder Margarine (zimmerwarm)

FÜR DEN GUSS UND ZUM GARNIEREN:

70 g Puderzucker
½ TL Instant-Espressopulver
3–4 TL heißes Wasser
30 g Orangeat
1 TL geröstete Kaffeebohnen

PRO STÜCK:

E: 1 g, F: 2 g, Kh: 7 g, kcal: 49

1. Zum Vorbereiten die Kaffeebohnen im Blitzhacker fein hacken. Espressopulver mit Wasser unter Rühren auflösen.

2. Für den Teig Mehl mit Backpulver in einer Rührschüssel mischen. Gehackte Kaffeebohnen, aufgelöstes Espresso-Pulver, Zucker, Vanille-Zucker, Salz, Eigelb, Milch und Butter oder Margarine hinzufügen. Die Zutaten mit einem Mixer (Knethaken) zunächst kurz auf niedrigster, dann auf höchster Stufe gut durcharbeiten. Anschließend auf der leicht bemehlten Arbeitsfläche zu einem glatten Teig verkneten.

3. Aus dem Teig 8 dünne Rollen (Länge je etwa 30 cm) formen. Die Teigrollen in Frischhaltefolie gewickelt 1–2 Stunden in den Kühlschrank legen.

4. Den Backofen vorheizen.
Ober-/Unterhitze: etwa 180 °C
Heißluft: etwa 160 °C

5. Die Teigrollen in je 6 etwa 5 cm lange Stücke schneiden und auf zwei Backbleche (leicht gefettet, mit Backpapier belegt) legen. Die Backbleche nacheinander (bei Heißluft zusammen) in den vorgeheizten Backofen schieben. Die Mokkastangen **15–20 Minuten je Backblech backen.**

6. Die Backbleche auf Kuchenroste stellen. Die Mokkastangen erkalten lassen.

7. Für den Guss Puderzucker mit Instant-Espressopulver und Wasser zu einem glatten Guss verrühren. Zum Garnieren Orangeat fein hacken. Kaffeebohnen im Mörser fein zerstoßen. Die Mokkastangen mit dem Guss bestreichen und mit Orangeat und Kaffeebohnen bestreuen. Guss trocknen lassen.

VARIANTE:

Sie können die Mokkastangen statt mit Orangeat auch mit Fliederblütenblättern (im Internet erhältlich) bestreuen.

MONSTER-MUMIEN-COOKIES

Zubereitungszeit: 35 Minuten, ohne Kühl, Abkühl- und Trockenzeit
Backzeit: etwa 14 Minuten je Backblech
Haltbarkeit: etwa 1 Woche in einer luftdicht verschließbaren Dose

ZUTATEN FÜR 20 STÜCK

ZUM VORBEREITEN:

75 g getrocknete Cranberrys
220 g Weizenmehl
3 g Natron
½ gestr. TL Backpulver

FÜR DEN TEIG:

150 g Butter (zimmerwarm)
85 g brauner Zucker
25 g Puderzucker
evtl. 1 TL gem. Zimt
1 Eigelb (Größe M)
100 g gehackte Mandeln

FÜR DEN GUSS:

250 g Puderzucker
2–3 EL Zitronensaft

ZUM VERZIEREN:

125 g weiße und rosa Schokolinsen
etwa 100 g gepuffter Amaranth
dunkle Zuckerschrift (aus der Tube) oder etwa 40 g Zartbitter-Kuvertüre
150 g weißer Fondant

PRO STÜCK:

E: 4 g, F: 12 g, Kh: 44 g, kcal: 300

1. Zum Vorbereiten die Cranberrys mit 1 Esslöffel Mehl bestäuben und fein hacken. Restliches Mehl mit Natron und Backpulver gut vermischen.

2. Für den Teig Butter in einer Rührschüssel mit einem Mixer (Rührstäbe) auf höchster Stufe hellcremig aufschlagen.

3. Zucker, Puderzucker und Zimt gut unterrühren. Eigelb ebenfalls gut unterrühren. Mehl hinzugeben und die Zutaten mit dem Mixer (Rührstäbe) kurz krümelig verarbeiten. Mandeln und gehackte Cranberrys hinzugeben und alles mit den Händen kurz zu einem glatten Teig verkneten. Den Teig in Frischhaltefolie gewickelt etwa 30 Minuten in den Kühlschrank legen.

4. Den Backofen vorheizen.
Ober-/Unterhitze: etwa 180 °C

5. Den Teig mit kalten, leicht bemehlten Händen zu 20 gut walnussgroßen Kugeln formen, mit etwas Abstand zueinander auf Backbleche (gefettet, mit Backpapier belegt) verteilen. Kugeln etwas flach drücken. Die Backbleche nacheinander in den vorgeheizten Backofen schieben. Die Kekse bei Ober-/Unterhitze **in etwa 14 Minuten je Backblech hellgelb backen.**

6. Die Kekse mit dem Backpapier von den Backblechen vorsichtig auf Kuchenroste ziehen und darauf erkalten lassen.

7. Für den Guss Puderzucker und Zitronensaft zu einem zähflüssigen Guss verrühren. Die Kekse damit bestreichen.

8. Zum Verzieren je 2 Schokolinsen als Augen in den feuchten Guss setzen und die Kekse mit Amaranth bestreuen. Mit Zuckerschrift oder geschmolzener Kuvertüre Pupillen auf die Schokolinsen tupfen. Guss trocknen lassen.

9. Fondant portionsweise zwischen einem aufgeschnittenen Gefrierbeutel dünn ausrollen, in etwa ½ cm breite Streifen schneiden. Die Kekse damit unregelmäßig belegen, sodass ein Mumiengesicht entsteht. Fondant trocknen lassen.

NASCHBIRNEN MIT NOUGAT

- Zubereitungszeit: 60 Minuten, ohne Kühl- und Abkühlzeit
  Backzeit: 10–12 Minuten je Backblech
  Haltbarkeit: etwa 2 Wochen haltbar in gut schließenden Dosen, kalt und trocken gelagert
- ▲ mit Alkohol

ZUTATEN FÜR ETWA 30 STÜCK

FÜR DEN KNETTEIG:

100 g Nusskernmischung, z. B. Cashew-, Haselnuss-, Walnusskerne und Mandeln
120 g Weizenmehl
½ gestr. TL Backpulver
100 g Zucker, 1 Prise Salz
1 Eigelb (Größe M)
100 g Butter oder Margarine

FÜR DIE FÜLLUNG:

100 g Nuss-Nougat
50 g Nusskernmischung
20 g Butter (zimmerwarm)
2–3 TL Birnengeist

FÜR DEN GUSS:

30 g gesiebter Puderzucker
2–3 TL Birnengeist
grüne Speisefarbe

ZUSÄTZLICH:

Ausstecher in Birnenform (Größe etwa 6 cm)

PRO STÜCK:

E: 1 g, F: 7 g, Kh: 10 g, kcal: 114

1. Für den Teig die Nusskernmischung im Blitzhacker sehr fein hacken. Mehl mit Backpulver in einer Rührschüssel mischen. Zucker, Salz, Eigelb und Butter oder Margarine hinzufügen. Die Zutaten mit einem Mixer (Knethaken) zunächst kurz auf niedrigster, dann auf höchster Stufe gut durcharbeiten.

2. Anschließend den Teig auf der leicht bemehlten Arbeitsfläche mit den Nusskernen zu einem glatten Teig verkneten. Sollte er kleben, den Teig in Frischhaltefolie gewickelt eine Zeit lang in den Kühlschrank stellen.

3. Den Backofen vorheizen.
Ober-/Unterhitze: etwa 180 °C
Heißluft: etwa 160 °C

4. Den Teig portionsweise auf der leicht bemehlten Arbeitsfläche etwa 2 mm dick ausrollen. Mit dem Ausstecher Birnen ausstechen. Die Teigbirnen auf Backbleche (gefettet, mit Backpapier belegt) legen.

5. Die Backbleche nacheinander (bei Heißluft zusammen) in den vorgeheizten Backofen schieben. Die Plätzchen **10–12 Minuten je Backblech backen.**

6. Die Plätzchen mit dem Backpapier von den Backblechen auf Kuchenroste ziehen. Plätzchen erkalten lassen.

7. Für die Füllung Nuss-Nougat in kleine Stücke schneiden und in eine Rührschüssel geben.

8. Die Nusskernmischung im Blitzhacker sehr fein hacken und in einer Pfanne ohne Fett unter Rühren goldbraun rösten.

9. Die heißen Nusskerne und die weiche Butter zu den Nougatstücken geben und gut unterrühren. Die Nougatmasse mit Birnengeist verrühren und abschmecken.

10. Die Hälfte der Birnen auf der Oberseite mit der Nougatmasse bestreichen (so zeigen die Birnenstiele in die gleiche Richtung). Je eine zweite Birne darauflegen und leicht andrücken.

11. Für den Guss Puderzucker mit Birnengeist glatt rühren und mit Speisefarbe einfärben.

Den Guss in einen kleinen Gefrierbeutel füllen. Den Beutel verschließen und eine kleine Ecke abschneiden. Einen Birnenstiel auf die gefüllten Plätzchen spritzen. Den Guss fest werden lassen.

TIPPS:

Für alkoholfreie Plätzchen den Alkohol für die Füllung ersatzlos streichen. Für den Guss statt Birnengeist einfach Apfelsaft verwenden.

NIEDLICHE PFEFFERKUCHEN

- Zubereitungszeit: 1 1/2 Stunden, ohne Abkühlzeit
  Ruhezeit: etwa 12 Stunden
  Durchziehzeit: 1-2 Tage
  Backzeit: 8–10 Minuten je Backblech
  Haltbarkeit: 4-6 Wochen

ZUTATEN FÜR 50 STÜCK

FÜR DEN TEIG:

250 g Zuckerrübensirup (Rübenkraut)
50 g Zucker
8 EL Wasser
50 g Butter
1 Ei (Größe M)
1 Eigelb (Größe M)
1 gestr. TL gem. weißer Pfeffer
1 Pck. (15 g) Lebkuchengewürz
1 Msp. Hirschhornsalz
500 g Weizenmehl (Type 550)

FÜR DEN GUSS UND ZUM BESTREUEN:

200 g Puderzucker
1 Eiweiß (Größe M)
1–2 EL Orangensaft
2 EL Kokosraspel
2 EL silberne Zuckerperlen

PRO STÜCK:

E: 2 g, F: 2 g, Kh: 16 g, kcal: 87

1. Für den Teig Zuckerrübensirup mit Zucker und Wasser aufkochen. Den Topf von der Kochstelle nehmen. Die Butter unter Rühren in der Sirupmasse zerlassen. Sirupbutter erkalten lassen.

2. Ei, Eigelb, Pfeffer, Lebkuchengewürz und Hirschhornsalz zu der erkalteten Sirupbutter geben. Die Zutaten mit einem Mixer (Rührstäbe) auf mittlerer Stufe unterrühren. Das Mehl mit einem Teigschaber unterrühren. Den Teig zugedeckt bei Zimmertemperatur etwa 12 Stunden ruhen lassen.

3. Den Backofen vorheizen.
Ober-/Unterhitze: etwa 180 °C
Heißluft: etwa 160 °C

4. Den Teig kurz durchkneten und portionsweise auf der leicht bemehlten Arbeitsfläche etwa ½ cm dick ausrollen. Mit Ausstechformen beliebige Motive ausstechen, Teigreste wieder zusammenkneten, erneut ausrollen und weitere Motive ausstechen – bis der Teig aufgebraucht ist.

5. Die Pfefferkuchen mit etwas Abstand auf Backbleche (gefettet, mit Backpapier belegt) legen. Die Backbleche nacheinander (bei Heißluft zusammen) in den vorgeheizten Backofen schieben. Pfefferkuchen **8–10 Minuten je Backblech backen.** Die Pfefferkuchen mit dem Backpapier auf Kuchenroste ziehen und erkalten lassen.

6. Für den Guss Puderzucker mit Eiweiß mit dem Mixer (Rührstäbe) zunächst kurz auf niedrigster, dann auf höchster Stufe in 4 Minuten schaumig aufschlagen. Den Guss mit 1–2 Esslöffeln Orangensaft verrühren, sodass er weicher wird.

7. Die Pfefferkuchen dick mit Zuckerguss bepinseln oder Guss in einen Gefrierbeutel füllen, eine kleine Ecke abschneiden und die Pfefferkuchen damit garnieren. Den noch feuchten Guss mit Silberperlen und Kokosraspeln bestreuen. Den Zuckerguss fest werden lassen. Pfefferkuchen 1–2 Tage bei Zimmertemperatur ziehen lassen.

WICHTIG:

Nur ganz frisches Eiweiß verwenden (Legedatum beachten, mind. 23 Tage Resthaltbarkeit!). Alternativ können Sie den Guss auch mit ½–1 Esslöffel Wasser anrühren.

NIKOLAUS-STIEFEL

Zubereitungszeit: 45 Minuten, ohne Abkühl- und Trockenzeit
Backzeit: 13–15 Minuten je Backblech

ZUTATEN FÜR 12 STÜCK BZW. 25 STÜCK

FÜR DEN TEIG:

50 g Butter
3 EL flüssiger Honig
4 EL Wasser
1 Prise Salz
2 Eigelb (Größe M)
1 TL gem. Zimt
1 TL abger. Schale von 1 Bio-Zitrone (unbehandelt, ungewachst)
250 g Vollkornweizenmehl
2 gestr. TL Backpulver
100 g gem. Haselnusskerne
75 g fein gehackte, getrocknete Aprikosen

FÜR DEN GUSS:

140 g gesiebter Puderzucker
3–4 TL Zitronensaft
rote Speisefarbe

ZUSÄTZLICH:

Ausstechform Nikolausstiefel (Größe 6 cm bzw. 12 cm)
Die große Form ergibt etwa 12 Plätzchen, die kleine 25 Stück.

PRO STÜCK:

E: 5 g, F: 10 g, Kh: 32 g, kcal: 247

1. Den Backofen vorheizen.
Ober-/Unterhitze: etwa 180 °C
Heißluft: etwa 160 °C

2. Für den Teig Butter, Honig, Wasser und Salz in einem Topf erwärmen, bis die Butter geschmolzen ist. Masse in eine Rührschüssel geben und erkalten lassen.

3. Eigelb, Zimt, Zitronenschale, Mehl, Backpulver, Haselnusskerne und Aprikosenstückchen hinzufügen. Die Zutaten mit einem Mixer (Knethaken) zunächst kurz auf niedrigster, dann auf höchster Stufe zu einem glatten Teig verkneten.

4. Den Teig auf der leicht bemehlten Arbeitsfläche etwa 1 cm dick ausrollen. Aus der Teigplatte Nikolausstiefel ausstechen und auf zwei Backbleche (gefettet, mit Backpapier belegt) setzen. Die Backbleche nacheinander (bei Heißluft zusammen) in den vorgeheizten Backofen schieben. Die Nikolausstiefel **13–15 Minuten je Backblech backen.**

5. Die Nikolausstiefel von den Backblechen nehmen und auf Kuchenrosten erkalten lassen.

6. Für den Guss den Puderzucker mit dem Zitronensaft zu einem glatten Guss verrühren. Zwei Drittel vom Guss mit roter Speisefarbe einfärben. Mit dem weißen Guss den oberen Rand der Stiefel jeweils mit einem breiten Streifen verzieren. Den restlichen Stiefel dann mit dem roten Puderzuckerguss bestreichen. Guss trocknen lassen.

TIPPS:

Der Puderzuckerguss lässt sich statt mit roter Speisefarbe auch mit gefriergetrocknetem Erdbeerpulver herstellen. Gefriergetrocknete Fruchtpulver kann man im Internet bestellen.
Die Nikolausstiefel lassen sich nach Belieben auch zusätzlich noch mit Gebäck-Dekorschmuck, Zuckerperlen oder Zuckersternen verzieren.

NUSS-PFLAUMEN-COOKIES

Zubereitungszeit: 35 Minuten, ohne Abkühlzeit
Backzeit: 12–15 Minuten

ZUTATEN FÜR 8–9 GROSSE COOKIES

ZUM VORBEREITEN:

100 g getrocknete Soft-Pflaumen

FÜR DEN TEIG:

80 g Butter (zimmerwarm)
80 g brauner Zucker
1 Prise Salz
1 Ei (Größe M)
50 g Dinkelmehl (Type 630)
50 g gem. Haselnusskerne
75 g geröstete, gehackte Haselnusskerne
½ TL gem. Zimt
1 Msp. Natron

PRO STÜCK:

E: 4 g, F: 18 g, Kh: 20 g, kcal: 259

1. Zum Vorbereiten die Soft-Pflaumen in ½ cm dicke Scheiben schneiden.

2. Den Backofen vorheizen.
Ober-/Unterhitze: etwa 200 °C
Heißluft: etwa 180 °C

3. Für den Teig Butter mit Zucker und Salz in eine Rührschüssel geben. Die Zutaten mit einem Mixer (Rührstäbe) zunächst kurz auf niedrigster, dann auf höchster Stufe schaumig schlagen. Das Ei hinzugeben und etwa 1 Minute unterschlagen. Zum Schluss die vorbereiteten Soft-Pflaumen kurz unterrühren.

4. Das Dinkelmehl mit den gemahlenen und gehackten Nusskernen, Zimt sowie dem Natron gut vermischen. Die Mehl-Nuss-Mischung auf die Butter-Ei-Masse geben und mit einem Teigschaber unterheben.

5. Den Cookieteig mit 2 Esslöffeln oder einem Eisportionierer in gleich großen, runden Häufchen auf ein Backblech (gefettet, mit Backpapier belegt) setzen, dabei genügend Abstand zwischen den Teighäufchen lassen. Die Teighäufchen mit einem in Wasser getauchten Löffel zu flachen Cookies verstreichen. Das Backblech in den vorgeheizten Backofen schieben. Die Nuss-Pflaumen-Cookies **12–15 Minuten backen.**

6. Die Cookies mit dem Backpapier von dem Backblech auf einen Kuchenrost ziehen und erkalten lassen.

NUSS-SIRUP-COOKIES

Zubereitungszeit: 40 Minuten, ohne Abkühlzeit
Backzeit: etwa 20 Minuten

ZUTATEN FÜR 8–9 GROSSE COOKIES

ZUM VORBEREITEN:

100 g gem. Haselnusskerne

FÜR DEN BISKUITTEIG:

1 Ei (Größe M)
1 Eigelb (Größe M)
90 g Zucker
1 Pck. Vanillin-Zucker
1 Prise Salz
30 g brauner Zuckerrübensirup (Rübenkraut)
50 g Weizenmehl
1 gestr. TL Backpulver

ZUM BESTREUEN:

etwa 40 g gehobelte Haselnusskerne

PRO STÜCK:

E: 4 g, F: 12 g, Kh: 19 g, kcal: 201

1. Zum Vorbereiten die Haselnusskerne in einer Pfanne ohne Fett unter Wenden hellbraun rösten und auf einem Teller erkalten lassen.

2. Den Backofen vorheizen.
Ober-/Unterhitze: etwa 160 °C
Heißluft: etwa 140 °C

3. Für den Teig Ei und Eigelb mit einem Mixer (Rührstäbe) auf höchster Stufe in 1 Minute schaumig schlagen. Zucker mit Vanillin-Zucker und Salz mischen, in 1 Minute unter Rühren einstreuen. Den Sirup hinzufügen und dann noch etwa 2 Minuten schlagen.

4. Mehl mit Backpulver gut vermischen. Die Mehlmischung auf die Eimasse geben und kurz auf niedrigster Stufe unterrühren. Zuletzt die vorbereiteten Haselnusskerne mit einem Teigschaber unterheben.

5. Den Teig mit 2 Esslöffeln oder einem Eisportionierer in gleich großen, runden Häufchen auf ein Backblech (gefettet, mit Backpapier belegt) setzen, dabei genügend Abstand zwischen den Teighäufchen lassen. Die Teighäufchen mit einem in Wasser getauchten Löffel zu flachen Cookies verstreichen. Die Cookies mit den gehobelten Haselnusskernen bestreuen. Das Backblech in den vorgeheizten Backofen schieben. Die Sirup-Nuss-Cookies **etwa 20 Minuten backen.**

6. Die Cookies mit dem Backpapier von dem Backblech auf einen Kuchenrost ziehen und erkalten lassen.

VARIANTE:

Für Christmas-Cookies zusätzlich 1 gestrichenen Teelöffel Spekulatius- oder Lebkuchengewürz mit dem Mehl unter den Teig rühren.

NUSSMAKRONEN MIT TRÜFFELFÜLLUNG

◔ Zubereitungszeit: 60 Minuten, ohne Kühl- und Abkühlzeit
Backzeit: etwa 25 Minuten je Backblech
▲ mit Alkohol

ZUTATEN FÜR ETWA 40 STÜCK

FÜR DIE MAKRONENMASSE:

3 Eiweiß (Größe M)
1 Prise Salz, 150 g Zucker
50 g Weizenmehl
200 g gem. Walnusskerne

FÜR DIE TRÜFFELMASSE:

130 g weiße Kuvertüre
30 g Schlagsahne (mind. 30 % Fett)
1–2 EL Apricot Brandy

ZUM BESTREUEN:

20 g fein gehackte Pistazienkerne

ZUSÄTZLICH:

2 Spritzbeutel mit Lochtülle (Ø 10 mm)

PRO STÜCK:

E: 2 g, F: 5 g, Kh: 7 g, kcal: 81

1. Den Backofen vorheizen.
Ober-/Unterhitze: etwa 140 °C
Heißluft: etwa 120 °C

2. Für die Makronenmasse Eiweiß und Salz mit einem Mixer (Rührstäbe) auf höchster Stufe steif schlagen. Der Schnee muss so fest sein, dass ein Messerschnitt sichtbar bleibt. Zucker nach und nach unterschlagen, so lange weiterschlagen, bis der Eischnee glänzt.

3. Das Mehl mit den Walnusskernen mischen und vorsichtig unterheben. Die Masse in den Spritzbeutel füllen und 80 Tupfen (Ø etwa 3 cm) auf 2 Backbleche (gefettet, mit Backpapier belegt) spritzen.

4. Die Backbleche nacheinander (bei Heißluft zusammen) in den vorgeheizten Backofen schieben. Die Nussmakronen **etwa 25 Minuten je Backblech backen**.

5. Die Makronen mit dem Backpapier auf Kuchenroste ziehen und erkalten lassen.

6. Inzwischen für die Trüffelmasse die Kuvertüre in Stücke hacken und mit der Sahne in einem Topf im heißen Wasserbad bei schwacher Hitze zu einer geschmeidigen Masse verrühren. Apricot Brandy unterrühren. Den Topf aus dem Wasserbad nehmen. Die Masse in einen hohen Rührbecher füllen, erkalten lassen und etwa 1 Stunde in den Kühlschrank stellen.

7. Die erkaltete Trüffelmasse mit einem Mixer (Rührstäbe) gut cremig rühren. Die Masse in einen Spritzbeutel füllen. Jeweils auf die Unterseite einer Makrone einen Tupfen Trüffelmasse spritzen, eine zweite Makrone mit der Unterseite daraufsetzen und den Rand mit gehackten Pistazien bestreuen.

TIPP:

Durch die Füllung werden die Makronen schnell weich. Deshalb die Nussmakronen bald genießen!

NUSSPLÄTZCHEN MIT GELEE

Zubereitungszeit: 40 Minuten, ohne Abkühlzeit
Backzeit: etwa 10 Minuten

ZUTATEN FÜR 24 STÜCK

FÜR DEN TEIG:

150 g Weizenmehl
100 g Zucker
1 Pck. Vanillin-Zucker
1–2 Tropfen Bittermandel-Aroma
1 Msp. gem. Kardamom oder Zimt
1 Prise Salz
1 Eigelb (Größe M)
100 g Butter
75 g gem. Walnusskerne

ZUM BESTREICHEN:

40 g rotes Johannisbeergelee

ZUM GARNIEREN UND FÜR DEN GUSS:

40 g Zartbitter-Schokolade
(etwa 50 % Kakaoanteil)
½ TL Speiseöl
80 g halbierte Walnusskerne
100 g Puderzucker, 2–3 EL Zitronensaft

PRO STÜCK:

E: 2 g, F: 9 g, Kh: 16 g, kcal: 156

1. Den Backofen vorheizen.
Ober-/Unterhitze: etwa 180 °C
Heißluft: etwa 160 °C

2. Für den Teig Mehl in eine Rührschüssel geben. Zucker, Vanillin-Zucker, Aroma, Kardamom oder Zimt, Salz, Eigelb und Butter hinzufügen. Die Zutaten mit einem Mixer (Rührstäbe) zunächst kurz auf niedrigster, dann auf höchster Stufe gut durcharbeiten, Walnusskerne unterarbeiten.

3. Anschließend auf der bemehlten Arbeitsfläche zu einem glatten Teig verkneten und auf einem Backblech (30 x 40 cm, gefettet) ausrollen. Den Teig mehrmals mit einer Gabel einstechen und mit einem Messer etwa 5 cm große Quadrate darauf markieren. Das Backblech in den vorgeheizten Backofen schieben. Das Gebäck **etwa 10 Minuten backen.**

4. Das Backblech auf einen Kuchenrost stellen. Das heiße Gebäck in Quadrate schneiden, dafür Markierung nutzen. Das Gebäck erkalten lassen.

5. Zum Bestreichen das Gelee glatt rühren. Die Hälfte der Quadrate damit bestreichen, die restlichen Plätzchen darauflegen, andrücken.

6. Zum Garnieren die Schokolade fein hacken, mit Speiseöl in einem kleinen Topf im Wasserbad bei schwacher Hitze unter Rühren schmelzen. Die Walnusskernhälften jeweils zur Hälfte in die Schokolade tauchen, auf Backpapier legen und die Schokolade fest werden lassen.

7. Für den Guss Puderzucker und Zitronensaft in einer kleinen Schüssel glatt rühren. Den Guss mit einem Backpinsel auf die Plätzchen streichen und mit je einer Walnusskernhälfte garnieren. Den Guss trocknen lassen.

ORANGEN-ANIS-STREUSELBROCKEN

Zubereitungszeit: 30 Minuten, ohne Abkühlzeit
Backzeit: etwa 12 Minuten
Haltbarkeit: 3–4 Wochen
in gut schließenden Dosen

ZUTATEN FÜR 48 STÜCK

FÜR DEN STREUSELTEIG:

270 g Weizenmehl
½ gestr. TL Backpulver
1 EL Hartweizengrieß (etwa 10 g)
100 g Zucker, 1 Prise Salz
1 Pck. Vanillin-Zucker
2 Pck. Orangenschalen-Aroma
1 Eigelb (Größe M)
150 g Butter oder Margarine
1 EL kaltes Wasser

FÜR DEN KARAMELL:

100 g Zucker
20 g Butter
15 g Anissamen
(erhältlich im Bio- oder Asialaden)

PRO STÜCK:

E: 1 g, F: 3 g, Kh: 9 g, kcal: 67

1. Den Backofen vorheizen.
Ober-/Unterhitze: etwa 200 °C
Heißluft: etwa 180 °C

2. Für den Teig Mehl mit Backpulver und Grieß in einer Rührschüssel mischen. Zucker, Salz, Vanillin-Zucker, Aroma, Eigelb, Butter oder Margarine und Wasser hinzufügen. Die Zutaten mit mit einem Mixer (Rührstäbe) zunächst kurz auf niedrigster, dann auf höchster Stufe zu feinen Streuseln verarbeiten. Die Streusel gleichmäßig auf einem Backblech (gefettet, mit Backpapier belegt) verteilen.

3. Für den Karamell Zucker in einem Topf langsam hellbraun karamellisieren lassen. Butter und Anis kurz unterrühren. Den Topf von der Kochstelle nehmen. Die Karamellmasse sofort und zügig mit einem Kochlöffel auf die Streusel träufeln. Das Backblech in den vorgeheizten Backofen schieben. Die Streuselplatte **etwa 12 Minuten backen.**

4. Das Backblech auf einen Kuchenrost stellen. Die Streuselplatte etwas abkühlen lassen, noch lauwarm mit einem Sägemesser in Quadrate (etwa 5 x 5 cm) schneiden. Streuselbrocken erkalten lassen.

ORANGEN-DOPPELDECKER

Zubereitungszeit: 50 Minuten,
ohne Kühl- und Abkühlzeit
Backzeit: etwa 10 Minuten je Backblech
Haltbarkeit: kühl gestellt etwa 2 Wochen,
in gut schließenden Dosen

ZUTATEN FÜR 60 STÜCK

FÜR DEN KNETTEIG:

300 g Weizenmehl
30 g Hartweizengrieß
120 g Zucker
½ Pck. Orangenschalen-Aroma
2 Eigelb (Größe M)
200 g Butter oder Margarine
2 EL kaltes Wasser

FÜR DIE FÜLLUNG:

200 g bittere Orangenmarmelade (aus dem Glas)

PRO STÜCK:

E: 1 g, F: 3 g, Kh: 8 g, kcal: 64

1. Für den Teig Mehl in eine Rührschüssel geben. Grieß, Zucker, Aroma, Eigelb, in Stückchen geschnittene Butter oder Margarine und Wasser hinzufügen. Die Zutaten mit einem Mixer (Knethaken) zunächst kurz auf niedrigster, dann auf höchster Stufe gut durcharbeiten.

2. Anschließend auf der leicht bemehlten Arbeitsfläche zu einem glatten Teig verkneten. Aus dem Teig 2 Rollen (je etwa 25 cm lang) formen. Die Rollen in Frischhaltefolie gewickelt mindestens 3 Stunden in den Kühlschrank legen.

3. Den Backofen vorheizen.
Ober-/Unterhitze: etwa 180 °C
Heißluft: etwa 160 °C

4. Die Teigrollen mit einem Sägemesser in je 30 Scheiben schneiden. Dabei die Rollen immer wieder formen, damit die Scheiben gleichmäßig rund sind. Die Teigscheiben auf Backbleche (mit Backpapier belegt) legen.

5. Die Backbleche nacheinander (bei Heißluft zusammen) in den vorgeheizten Backofen schieben. Die Orangenkekse **etwa 10 Minuten je Backblech backen.**

6. Die Kekse mit dem Backpapier von den Backblechen auf Kuchenroste ziehen. Kekse erkalten lassen.

7. Für die Füllung die Marmelade in einem kleinen Topf leicht pürieren oder durch ein Sieb streichen und unter Rühren gut aufkochen. Auf die Hälfte der Kekse jeweils einen Klecks Marmelade geben, mit einem zweiten Keks bedecken, andrücken und die Füllung erkalten lassen.

POLENTA-ORANGEN-COOKIES

Zubereitungszeit: 40 Minuten, ohne Abkühlzeit
Backzeit: etwa 15 Minuten
+ glutenfrei

ZUTATEN FÜR 8–9 GROSSE COOKIES

ZUM VORBEREITEN:

½ Bio-Orange (unbehandelt, ungewachst)
100 g Macadamianusskerne, geröstet und gesalzen

FÜR DEN TEIG:

75 g Butter (zimmerwarm)
75 g brauner Zucker
1 Ei (Größe M)
75 g Polenta (Maisgrieß)
75 g Maismehl

PRO STÜCK:

E: 4 g, F: 18 g, Kh: 22 g, kcal: 253

1. Zum Vorbereiten Orange heiß abwaschen, abtrocknen und halbieren. Von der Orangenhälfte die Schale fein abreiben. Die Nusskerne in grobe Stücke hacken.

2. Den Backofen vorheizen.
Ober-/Unterhitze: etwa 200 °C
Heißluft: etwa 180 °C

3. Für den Teig Butter mit Zucker und Orangenschale in eine Rührschüssel geben. Die Zutaten mit einem Mixer (Rührstäbe) zunächst kurz auf niedrigster, dann auf höchster Stufe schaumig schlagen. Das Ei hinzugeben und etwa 1 Minute unterschlagen.

4. Polenta mit Maismehl gut vermischen. Die Polenta-Maismehl-Mischung auf die Butter-Ei-Masse geben und mit einem Teigschaber unterheben. Anschließend die gehackten Nusskerne unterheben.

5. Den Cookieteig mit 2 Esslöffeln oder einem Eisportionierer in gleich großen, runden Häufchen auf ein Backblech (gefettet, mit Backpapier belegt) setzen, dabei genügend Abstand zwischen den Teighäufchen lassen. Die Teighäufchen mit einem in Wasser getauchten Löffel zu flachen Cookies verstreichen. Das Backblech in den vorgeheizten Backofen schieben. Die Polenta-Cookies **etwa 15 Minuten backen.**

6. Die Polenta-Cookies mit dem Backpapier vom Backblech auf einen Kuchenrost ziehen und erkalten lassen.

PORTWEIN-MAKRONEN

Zubereitungszeit: 35 Minuten, ohne Abkühlzeit
Backzeit: etwa 25 Minuten
Haltbarkeit: etwa 2 Wochen in gut schließenden Dosen
▲ mit Alkohol

ZUTATEN FÜR 50 STÜCK

FÜR DEN TEIG:

30 ml roter Portwein
50 g Zucker
2 Eiweiß (Größe M)
1 Prise Salz
70 g Zucker
1 Msp. rote Speisefarbpaste
120 g abgezogene, gem. Mandeln
20 g Weizenmehl
20 g Puderzucker

1 EL roter Portwein zum Bestreichen

PRO STÜCK:

E: 1 g, F: 1 g, Kh: 3 g, kcal: 29

1. Den Backofen vorheizen.
Ober-/Unterhitze: etwa 140 °C
Heißluft: etwa 120 °C

2. Für den Teig Portwein und 50 g Zucker in einen kleinen Topf geben. Den Zucker bei mittlerer Hitze darin schmelzen, nicht karamellisieren lassen. Den Topf von der Kochstelle nehmen.

3. Eiweiß und Salz mit einem Mixer (Rührstäbe) auf höchster Stufe steif schlagen. Den Zucker nach und nach unter ständigem Schlagen einrieseln lassen. So lange schlagen, bis die Masse glänzt.

4. Die Speisefarbpaste unter den heißen Portweinsirup rühren. Den Sirup nach und nach zum Eischnee geben und so lange weiterschlagen, bis eine luftig-cremige Masse entstanden ist.

5. Mandeln mit Mehl und Puderzucker mischen und mit dem Teigschaber in 2 Portionen unter die Eischneemasse heben. Die Masse auf ein Backblech (30 x 40 cm, mit Backpapier belegt) geben und zu einem Rechteck (etwa 30 x 20 cm) gleichmäßig verstreichen.

6. Das Backblech in den vorgeheizten Backofen schieben. Das Gebäck in **etwa 25 Minuten hellbraun backen.**

7. Das Backblech auf einen Kuchenrost stellen. Das heiße Gebäck sofort sehr dünn mit Portwein bestreichen. Das Gebäck lauwarm in Rechtecke (etwa 4 x 3 cm) schneiden und auf dem Backblech erkalten lassen.

PUDDING-STREUSEL-TALER

Zubereitungszeit: 50 Minuten
Teiggeh-/Ruhezeit: etwa 45 Minuten
Backzeit: etwa 16 Minuten je Backblech

ZUTATEN FÜR 20 STÜCK

FÜR DEN HEFETEIG:

80 ml Milch (3,5 % Fett)
50 g Butter oder Margarine
375 g Weizenmehl
1 Pck. Trockenbackhefe
50 g Zucker, 1 Pck. Vanillin-Zucker
1 Ei + 1 Eiweiß (Größe M)
125 g Speisequark (20 % Fett i. Tr.)

FÜR DEN STREUSELTEIG:

125 g Weizenmehl
50 g Zucker, 1 Pck. Vanillin-Zucker
80 g Butter (zimmerwarm)
1 Eigelb (Größe M)

FÜR DEN BELAG:

125 g Speisequark (20 % Fett i. Tr.)
125 ml Milch (3,5 % Fett)
1 Pck. Backfeste Puddingcreme
700 g abgetropfte Sauerkirschen (aus Gläsern)
etwas Puderzucker

PRO STÜCK:

E: 6 g, F: 7 g, Kh: 35 g, kcal: 231

1. Für den Hefeteig Milch in einem Topf erwärmen und Butter oder Margarine darin zerlassen.

2. Mehl in einer Rührschüssel mit Trockenbackhefe sorgfältig vermischen. Zucker, Vanillin-Zucker, Ei, Eiweiß, Quark und die warme Milch-Fett-Mischung hinzufügen, mit einem Mixer (Knethaken) zunächst kurz auf niedrigster, dann auf höchster Stufe in etwa 5 Minuten zu einem glatten Teig verarbeiten. Den Teig zugedeckt so lange an einem warmen Ort gehen lassen, bis er sich sichtbar vergrößert hat (etwa 30 Minuten).

3. Für die Streusel Mehl, Zucker, Vanillin-Zucker, Butter und Eigelb in einer Rührschüssel mit dem Mixer (Rührstäbe) zu Streuseln von gewünschter Größe verarbeiten.

4. Für den Belag Quark mit Milch in einer Rührschüssel mit einem Schneebesen glatt rühren. Puddingcreme hinzufügen, 1 Minute unterrühren.

5. Den Backofen vorheizen.
Ober-/Unterhitze: etwa 200 °C
Heißluft: etwa 180 °C

6. Den Hefeteig auf der leicht bemehlten Arbeitsfläche nochmals kurz durchkneten und zur Rolle formen. Die Rolle in 20 gleich große Stücke teilen und die Stücke auf 2 Backblechen (mit Backpapier belegt) zu Kreisen (Ø etwa 9 cm) flach drücken.

7. Auf jedem Teigkreis 1 Teelöffel Puddingmasse verteilen. Die Kirschen gleichmäßig darauflegen und mit Streuseln bestreuen. Die Taler zugedeckt an einem warmen Ort etwa 15 Minuten gehen lassen. Dann die Backbleche nacheinander (bei Heißluft zusammen) in den vorgeheizten Backofen schieben und die Taler **etwa 16 Minuten je Backblech backen.** Die Pudding-Streusel-Taler mit dem Backpapier von den Backblechen auf Kuchenroste ziehen und erkalten lassen.

PUFFREIS-COOKIES

Zubereitungszeit: 45 Minuten, ohne Abkühlzeit
Backzeit: 12–15 Minuten

ZUTATEN FÜR 8–9 GROSSE COOKIES

ZUM VORBEREITEN:

100 g Schoko-Puffreis-Quadrate

FÜR DEN TEIG:

50 g Butter (zimmerwarm)
50 g Zucker
1 Prise Salz
1 Ei (Größe M)
50 g Weizenmehl
50 g gem. Mandeln
1 Msp. Natron
50 g Vollmilch-Raspelschokolade

PRO STÜCK:

E: 4 g, F: 14 g, Kh: 21 g, kcal: 224

1. Zum Vorbereiten Schoko-Puffreis in kleine Stücke brechen und in einem Topf im Wasserbad bei schwacher Hitze unter Rühren schmelzen.

2. Den Backofen vorheizen.
Ober-/Unterhitze: etwa 200 °C
Heißluft: etwa 180 °C

3. Für den Teig Butter mit Zucker und Salz in eine Rührschüssel geben. Die Zutaten mit einem Mixer (Rührstäbe) zunächst kurz auf niedrigster, dann auf höchster Stufe schaumig schlagen. Das Ei hinzugeben und etwa 1 Minute unterschlagen. Die geschmolzene Puffreis-Schokolade mit einem Teigschaber unterrühren.

4. Mehl mit Mandeln, Natron und Raspelschokolade gut vermischen. Die Mehl-Schoko-Mischung auf die Butter-Ei-Masse geben und mit einem Teigschaber unterheben.

5. Den Cookieteig mit 2 Esslöffeln oder einem Eisportionierer in gleich großen, runden Häufchen auf ein Backblech (gefettet, mit Backpapier belegt) setzen, dabei genügend Abstand zwischen den Teighäufchen lassen. Die Teighäufchen mit einem in Wasser getauchten Löffel zu flachen Cookies verstreichen. Das Backblech in den vorgeheizten Backofen schieben. Die Puffreis-Cookies **12–15 Minuten backen.**

6. Die Puffreis-Cookies mit dem Backpapier von dem Backblech auf einen Kuchenrost ziehen und erkalten lassen.

TIPP:

Für Cookies am Stiel den Teig in halb so großen Portionen auf das Backblech geben, wie beschrieben flach verstreichen und in jede Teigportion einen Stiel drücken. Cookies wie beschrieben backen. Passende Lollistiele gibt es im Internet oder in gut sortierten Haushaltswarengeschäften.

QUITTEN-GEWÜRZ-BROT

- Zubereitungszeit: 90 Minuten, ohne Abtropfzeit
  Abkühlzeit: 4–5 Stunden
  Haltbarkeit: 4–5 Wochen, kühl und trocken, zwischen einzelnen Lagen Backpapier, in gut schließenden Dosen
- \+ ohne Backen
  glutenfrei

ZUTATEN FÜR 75 STÜCK

8 EL Zitronensaft
2 l Wasser
1 ½ kg Quitten
1 Vanilleschote
30 g frischer Ingwer
8 grüne Kardamomkapseln (aus dem Asia-Laden oder gut sortierten Spezialitäten-Gewürzabteilungen) oder ½ Msp. gem. Gewürznelken
½ Sternanis
500 g Extra Gelierzucker 2 : 1
100 g Zucker

ZUM WÄLZEN:

50 g Kokosraspel

PRO STÜCK:

E: 0 g, F: 1 g, Kh: 9 g, kcal: 43

1. Zitronensaft mit Wasser in einer großen Schüssel verrühren. Von den Quitten den Flaum mit einem trockenen Tuch abreiben. Quitten abspülen, abtrocknen, vierteln, Kerngehäuse und Blütenansätze herausschneiden. Die Quittenstücke sofort in das Zitronenwasser legen.

2. Die Vanilleschote längs aufschneiden. Das Mark mit einem Messerrücken herausschaben. Ingwer schälen und in dünne Scheiben schneiden. Kardamomsamen aus den Kapseln lösen und im Mörser fein zerstoßen.

3. Die Quittenstücke mit einem Schaumlöffel aus dem Zitronenwasser nehmen und in einen Topf geben. Von dem Zitronenwasser 500 ml abmessen und zu den Quittenstücken in den Topf gießen.

4. Vanilleschote, -mark, Ingwerscheiben, Kardamom oder Nelken und Sternanis hinzugeben. Die Zutaten zum Kochen bringen und zugedeckt 30–40 Minuten bei schwacher Hitze unter gelegentlichem Rühren kochen lassen, bis die Quittenstücke weich sind.

5. Ein großes Sieb mit einem feuchten Geschirrtuch auslegen und in eine Schüssel hängen. Quittenkompott hineingeben. Den Saft (am besten über Nacht) kalt gestellt langsam ablaufen lassen.

6. Die Vanilleschote, Ingwerscheiben und den Sternanis aus dem Kompott entfernen. Das Quittenkompott fein pürieren und etwa 900 g abwiegen. Das Püree in einem großen Topf mit Gelierzucker und Zucker mischen, unter Rühren aufkochen lassen. Das Quittenpüree unter Rühren bei mittlerer Hitze ohne Deckel etwa 20 Minuten einkochen lassen, bis eine zähe, dickflüssige Masse entstanden ist.

7. Die Masse in eine Auflaufform (etwa 30 x 20 cm, gefettet) geben und glatt streichen. Die Masse bei Zimmertemperatur (etwa 18 °C) 4–5 Stunden erkalten und fest werden lassen.

8. Dann aus der fest gewordenen Masse etwa 4 x 2 cm große Stücke schneiden. Die Quitten-Brotstücke in Kokosraspeln wälzen.

TIPP:

Der abgetropfte Saft lässt sich z. B. für ein Quittengelee verwenden.

RETTUNGSANKER

Zubereitungszeit: 45 Minuten,
ohne Kühl- und Abkühlzeit
Backzeit: 12–14 Minuten

ZUTATEN FÜR 25 STÜCK

FÜR DEN KNETTEIG:

300 g Weizenmehl
1 gestr. TL Backpulver
40 g gefriergetrocknete Himbeeren oder gefriergetrocknetes Himbeerpulver
120 g Zucker
1 Pck. Bourbon-Vanille-Zucker
1 TL abger. Schale von 1 Bio-Zitrone (unbehandelt, ungewachst)
1 Ei (Größe M)
150 g Butter oder Margarine (zimmerwarm)

ZUM VERZIEREN:

100 g Zartbitter- Kuvertüre, 1 TL Speiseöl

ZUSÄTZLICH:

Anker-Ausstecher 9 cm

PRO STÜCK:

E: 2 g, F: 7 g, Kh: 16 g, kcal: 136

1. Für den Teig Mehl mit Backpulver in einer Rührschüssel mischen. Himbeeren im Blitzhacker fein mahlen und zur Mehlmischung geben oder stattdessen Himbeerpulver hinzugeben. Zucker, Vanille-Zucker, Zitronenschale, Ei und Butter oder Margarine hinzufügen. Die Zutaten mit einem Mixer (Knethaken) zunächst kurz auf niedrigster, dann auf höchster Stufe gut durcharbeiten.

2. Anschließend auf der leicht bemehlten Arbeitsfläche kurz zu einem Teig verkneten. Den Teig flach formen, in Frischhaltefolie gewickelt etwa 30 Minuten in den Kühlschrank legen.

3. Den Backofen vorheizen.
Ober-/Unterhitze: etwa 170 °C
Heißluft: etwa 150 °C

4. Den Teig zwischen zwei leicht mit Mehl bestäubten Bogen Backpapier ½ cm dick ausrollen. Den Anker-Ausstecher kurz in Mehl tauchen, dann Anker aus der Teigplatte ausstechen und auf zwei Backbleche (leicht gefettet, mit Backpapier belegt) legen.

5. Die Backbleche nacheinander (bei Heißluft zusammen) in den vorgeheizten Backofen schieben. Die Anker **12–14 Minuten je Backblech backen.**

6. Die Anker mit dem Backpapier von den Backblechen auf Kuchenroste ziehen und erkalten lassen.

7. Zum Verzieren die Kuvertüre klein hacken, mit Speiseöl in einem kleinen Topf im Wasserbad bei schwacher Hitze unter Rühren schmelzen. Die Anker jeweils mit dem oberen Drittel in die Kuvertüre tauchen, abstreifen und zum Trocknen auf Backpapier setzen.

VARIANTE:

Statt Himbeerpulver 20 g gesiebtes Kakaopulver und 1 Esslöffel Schlagsahne unter den Teig mischen und die Schokoladen-Anker wie beschrieben backen.

TIPP:

Teighölzer, auch Teigstäbe genannt, erleichtern das Ausrollen, wenn der Teig eine bestimmte Dicke haben soll. Sie sind im Internet-Versandhandel erhältlich.

ROSMARIN-SANDTALER

Zubereitungszeit: 40 Minuten, ohne Kühl- und Abkühlzeit
Backzeit: etwa 10 Minuten je Backblech

ZUTATEN FÜR 140 STÜCK

ZUM VORBEREITEN:

4 kleine Stängel Rosmarin (etwa 4 g Nadeln)

FÜR DEN KNETTEIG:

300 g Weizenmehl
200 g Butter (zimmerwarm)
150 g Zucker
2 Prisen Salz
1 Ei (Größe M)

ZUM WÄLZEN:

60 g brauner Zucker

PRO STÜCK:

E: 0 g, F: 1 g, Kh: 3 g, kcal: 25

1. Zum Vorbereiten Rosmarin abspülen, trocken tupfen und die Nadeln von den Stängeln zupfen. Die Nadeln fein hacken.

2. Für den Teig Mehl in eine Rührschüssel geben. Butter, Zucker, Salz, Ei und die Rosmarinnadeln hinzufügen. Die Zutaten mit dem Mixer (Knethaken) zunächst kurz auf niedrigster, dann auf höchster Stufe gut durcharbeiten. Anschließend auf einer leicht bemehlten Arbeitsfläche kurz zu einem glatten Teig verkneten.

3. Den Teig in 4 gleich große Portionen teilen und jeweils zu Rollen von je etwa 35 cm Länge formen. Die Teigrollen in dem braunen Zucker wälzen, dann in Frischhaltefolie gewickelt mindestens 1 Stunde in den Kühlschrank legen.

4. Den Backofen vorheizen.
Ober-/Unterhitze: etwa 180 °C
Heißluft: etwa 160 °C

5. Die Teigrollen mit einem Sägemesser in etwa 1 cm dicke Scheiben schneiden. Dabei die Rollen immer wieder formen, damit die Scheiben gleichmäßig rund abgeschnitten werden. Die Taler auf Backbleche (mit Backpapier belegt) legen. Die Backbleche nacheinander (bei Heißluft zusammen) in den vorgeheizten Backofen schieben. Die Sandtaler **etwa 10 Minuten je Backblech backen.**

6. Die gebackenen Rosmarin-Sandtaler mit dem Backpapier von den Backblechen auf Kuchenroste ziehen und erkalten lassen.

TIPP:

Wenn der Teig nach dem Verkneten (Punkt 2) zu weich ist, legen Sie ihn in Frischhaltefolie gewickelt etwa 30 Minuten in den Kühlschrank.

RUM-RAISINS-SCONES

◷ Zubereitungszeit: 35 Minuten, ohne Durchziehzeit
Backzeit: etwa 25 Minuten
▲ mit Alkohol

ZUTATEN FÜR 10 STÜCK

ZUM VORBEREITEN

80 g Rosinen
50 ml Rum

FÜR DEN TEIG:

350 g Weizenmehl
1 ½ gestr. TL Backpulver
½ TL Natron
1 Prise Salz
90 g Zucker
50 g abgezogene, gem. Mandeln
200 g Schlagsahne
2 EL Zuckerrübensirup (Rübenkraut)
1 Ei (Größe M)

ZUSÄTZLICH:

Ausstecher rund (Ø etwa 7 cm)

PRO STÜCK:

E: 6 g, F: 10 g, Kh: 43 g, kcal: 302

1. Zum Vorbereiten Rosinen in eine Schüssel geben, mit Rum übergießen und etwa eine Stunde durchziehen lassen.

2. Den Backofen vorheizen.
Ober-/Unterhitze: etwa 180 °C
Heißluft: etwa 160 °C

3. Für den Teig Mehl mit Backpulver, Natron, Salz, Zucker und Mandeln in einer Rührschüssel mischen. Sahne, Zuckerrübensirup und Ei hinzugeben. Die Zutaten mit einem Mixer (Knethaken) zunächst kurz auf niedrigster, dann auf höchster Stufe zu einem glatten Teig verkneten. Zuletzt Rum-Rosinen unterarbeiten.

4. Den Teig auf einer bemehlten Arbeitsfläche etwa 2 cm dick zu einer runden Platte (Ø etwa 20 cm) ausrollen. Mit dem runden Ausstecher etwa 10 Platten ausstechen und mit etwas Abstand auf ein Backblech (mit Backpapier belegt) legen. Die Teigreste erneut verkneten, evtl. weitere Platten ausstechen und mit auf das Backblech legen.

5. Das Backblech in den vorgeheizten Backofen schieben. Die Scones **etwa 25 Minuten backen.**

TIPP:

Die Scones warm mit Butter servieren.

SALZIG-SÜSSE MACADAMIA-COOKIES

- Zubereitungszeit: 25 Minuten, ohne Kühlzeit
  Backzeit: 12–15 Minuten
  Haltbarkeit: etwa 2 Wochen

ZUTATEN FÜR 8–9 GROSSE COOKIES

ZUM VORBEREITEN:

75 g Zartbitter-Schokolade (etwa 50 % Kakaoanteil)
50 g Macadamianusskerne, geröstet und gesalzen

FÜR DEN TEIG:

80 g Butter (zimmerwarm)
75 g Zucker
1 Pck. Vanillin-Zucker
1 Ei (Größe S)
125 g Weizenmehl
1 gestr. TL Backpulver
20 g Speisestärke
10 g gesiebtes Kakaopulver

ZUM BESTREUEN:

etwas grobes Salz, z. B. Fleur de Sel

PRO STÜCK:

E: 4 g, F: 16 g, Kh: 24 g, kcal: 260

1. Zum Vorbereiten Schokolade und Macadamianusskerne in gröbere Stücke hacken.

2. Den Backofen vorheizen.
Ober-/Unterhitze: etwa 180 °C
Heißluft: etwa 160 °C

3. Für den Teig Butter mit Zucker und Vanillin-Zucker in eine Rührschüssel geben und mit einem Mixer (Rührstäbe) zunächst kurz auf niedrigster, dann auf höchster Stufe schaumig schlagen. Das Ei hinzugeben und etwa 1 Minute unterschlagen.

4. Mehl mit Backpulver, Speisestärke und Kakao gut vermischen. Die Mehl-Kakao-Mischung auf die Butter-Ei-Masse geben und mit einem Teigschaber unterheben. Zuletzt vorbereitete Schokolade und Nusskerne unterheben.

5. Den Teig mit 2 Esslöffeln oder einem Eisportionierer in gleich großen, runden Häufchen auf ein Backblech (gefettet, mit Backpapier belegt) setzen. Dabei genügend Abstand zwischen den Teighäufchen lassen. Die Teighäufchen mit einem in Wasser getauchten Löffel zu flachen Cookies verstreichen. Die Cookies mit etwas Salz bestreuen. Das Backblech in den vorgeheizten Backofen schieben. Die Macadamia-Cookies **12–15 Minuten backen.**

6. Das Backblech auf einen Kuchenrost stellen. Die Macadamia-Cookies darauf erkalten lassen.

TIPP:

Wenn Sie lieber kleinere Cookies backen möchten, reduziert sich die Backzeit je nach Cookiegröße um einige Minuten.

SANDWICH-KEKSE

Zubereitungszeit: 35 Minuten, ohne Ruhe- und Abkühlzeit
Backzeit: 10–12 Minuten
Haltbarkeit: etwa 2 Wochen in gut schließenden Dosen

ZUTATEN FÜR 24 STÜCK

FÜR DEN TEIG:

80 g Zucker
40 g flüssiger Rapshonig
120 g Butter (zimmerwarm)
220 g Weizenmehl
1 Msp. Natron
1 Msp. gem. Zimt
30 g Schlagsahne
1 Ei (Größe M)

FÜR DIE FÜLLUNG:

50 g Zucker
40 g Butter
50 g dunkler Zuckerrübensirup (Rübenkraut)

ZUSÄTZLICH:

Fleischklopfer für das Muster

PRO STÜCK:

E: 1 g, F: 7 g, Kh: 15 g, kcal: 126

1. Für den Teig Zucker, Honig und Butter in einem Topf bei schwacher Hitze unter Rühren schmelzen, bis eine glatte Masse entstanden ist (nicht kochen lassen). Etwas abkühlen lassen.

2. Den Backofen vorheizen.
Ober-/Unterhitze: etwa 200 °C
Heißluft: etwa 180 °C

3. Mehl mit Natron und Zimt in einer Rührschüssel mischen. Sahne, Ei und die lauwarme Butter-Honig-Masse hinzugeben. Die Zutaten mit einem Mixer (Rührstäbe) auf niedrigster Stufe zu einem glatten Teig verarbeiten.

4. Den Teig auf ein Backblech (30 x 40 cm, gefettet) geben und mit einer Teigkarte gleichmäßig verstreichen. Den Teig etwa 10 Minuten ruhen lassen. Anschließend mit einer leicht bemehlten Teigrolle glatt rollen und mit einem gezackten Fleischklopfer dicht an dicht ein Muster in den Teig drücken. Mit einem Messer etwa 5 cm große Quadrate auf dem Teig markieren.

5. Das Backblech in den vorgeheizten Backofen schieben. Das Gebäck **10–12 Minuten backen.**

6. Das Backblech auf einen Kuchenrost stellen. Das Gebäck sofort in die markierten Quadrate schneiden. Die Kekse auf dem Backblech erkalten lassen.

7. Für die Füllung Zucker, Butter und Zuckerrübensirup in einem Topf bei mittlerer Hitze unter Rühren kurz aufkochen lassen. Die Masse unter Rühren etwas abkühlen lassen.

8. Die Hälfte der Kekse umdrehen und mit etwas von der Sirupmasse bestreichen. Jeweils einen zweiten Keks mit der gemusterten Seite nach oben darauflegen.

TIPP:

Alternativ können Sie auch mit einer Gabel ein Muster in den Teig drücken.

SANDWICH-MINZ-COOKIES

Zubereitungszeit: 50 Minuten,
ohne Kühl- und Trockenzeit
Backzeit: etwa 12 Minuten je Backblech
Haltbarkeit: etwa 4 Tage
in einer gut schließenden Dose,
kühl und trocken aufbewahrt

ZUTATEN FÜR 8–9 GROSSE COOKIES

FÜR DEN TEIG:

125 g Butter
125 g Zucker
1 Prise Salz
1 Ei (Größe M)
50 g Weizenmehl
50 g gesiebtes Kakaopulver
1 Msp. Hirschhornsalz
75 g klein gehackte Zartbitter-Kuvertüre

FÜR DIE FÜLLUNG:

100 g Pfefferminztaler mit Zartbitter-Schokolade überzogen (Fertigprodukt)
75 g Butter
1 EL Puderzucker

ZUM GARNIEREN:

75 g Puderzucker
1–2 TL Wasser
etwas Speisefarbe (grün)

PRO STÜCK:

E: 4 g, F: 26 g, Kh: 43 g, kcal: 421

1. Den Backofen vorheizen.
Ober-/Unterhitze: etwa 200 °C
Heißluft: etwa 180 °C.

2. Für den Teig Butter, Zucker und Salz mit dem Mixer (Rührstäbe) zunächst kurz auf niedrigster, dann auf höchster Stufe schaumig schlagen. Das Ei etwa 1 Minute unterschlagen. Mehl mit Kakao und Hirschhornsalz mischen, daraufsieben und mit einem Teigschaber unterheben. Kuvertüre ebenfalls unterheben.

3. Den Teig mit 2 Esslöffeln oder einem Eisportionierer in 16–18 gleich großen, runden Häufchen mit genügend Abstand auf Backbleche (mit Backpapier belegt) setzen. Die Häufchen mit einem in Wasser getauchten Löffel zu flachen Cookies verstreichen.

4. Die Backbleche nacheinander (bei Heißluft zusammen) in den vorgeheizten Backofen schieben. Die Cookies **etwa 12 Minuten je Backblech backen.** Die Cookies mit dem Backpapier von den Backblechen auf Kuchenroste ziehen und erkalten lassen.

5. Für die Füllung die Pfefferminztaler in kleine Stücke schneiden, mit Butter und Puderzucker mit dem Mixer (Rührstäbe) zunächst kurz auf niedrigster, dann auf höchster Stufe schaumig schlagen. Die Hälfte der Cookies auf der Rückseite mit der Creme bestreichen. Jeweils einen zweiten Cookie daraufsetzen und leicht andrücken.

6. Zum Garnieren Puderzucker mit Wasser glatt rühren, mit Speisefarbe zartgrün einfärben. Den Guss mit einem Teelöffel auf die Cookies sprenkeln, trocknen lassen.

TIPP:

Die Cookies zusätzlich mit geraspelter Schokolade oder Kuvertüre garnieren.

SCHOKOLADEN-KIRSCH-HAPPEN

Zubereitungszeit: 120 Minuten, ohne Kühl- und Abkühlzeit
Backzeit: 6–7 Minuten je Backblech
Haltbarkeit: kalt gestellt etwa 2 Wochen in gut schließenden Dosen

ZUTATEN FÜR 28 STÜCK

FÜR DEN KNETTEIG:

130 g Weizenmehl
½ gestr. TL Backpulver
60 g Zucker
1 Prise Salz
1 Msp. gem. Zimt
1 Msp. gem. Gewürznelken
½ Pck. Orangenschalen-Aroma
50 g Butter oder Margarine
50 g brauner Zuckerrübensirup

FÜR DIE KIRSCHFÜLLUNG:

20 g getrocknete Kirschen
70 g weiße Kuvertüre
10 g Kokosfett
1 Msp. Orangenschalen-Aroma

ZUM BESTREUEN:

10 g weiße Kuvertüre

FÜR DIE KUVERTÜREFÜLLUNG:

50 g weiße Kuvertüre, 5 g Kokosfett

PRO STÜCK:

E: 1 g, F: 4 g, Kh: 10 g, kcal: 80

1. Für den Teig Mehl mit Backpulver in einer Rührschüssel mischen. Zucker, Salz, Zimt, Nelken und Aroma untermischen. Butter oder Margarine in kleine Stücke schneiden, zusammen mit dem Sirup in die Rührschüssel geben.

2. Die Zutaten mit einem Mixer (Knethaken) zunächst kurz auf niedrigster, dann auf höchster Stufe gut durcharbeiten. Anschließend auf der leicht bemehlten Arbeitsfläche kurz zu einem Teig verkneten. Den Teig in Frischhaltefolie gewickelt mindestens 5 Stunden in den Kühlschrank legen.

3. Den Backofen vorheizen.
Ober-/Unterhitze: etwa 180 °C
Heißluft: etwa 160 °C

4. Den Teig portionsweise auf der bemehlten Arbeitsfläche etwa 2 mm dünn ausrollen. Den Teig mit einem Messer in etwa 84 Streifen (je etwa 2 x 5 cm) schneiden. Die Teigstreifen auf 2 Backbleche (mit Backpapier belegt) legen.

5. Die Backbleche nacheinander (bei Heißluft zusammen) in den vorgeheizten Backofen schieben. Die Gebäckstreifen **6–7 Minuten je Backblech backen.** Anschließend die Gebäckstreifen mit dem Backpapier von den Backblechen auf Kuchenroste ziehen und erkalten lassen.

6. Für die Kirschfüllung die Kirschen und die Hälfte der Kuvertüre zusammen in einem Blitzhacker sehr fein hacken. Die restliche Kuvertüre hacken und mit dem Kokosfett in einem Topf im Wasserbad bei schwacher Hitze unter Rühren schmelzen. Den Topf aus dem Wasserbad nehmen. Gehackte Kuvertüre-Kirsch-Mischung und Aroma unter die geschmolzene Kuvertüre rühren und etwas abkühlen lassen.

7. Zum Bestreuen die weiße Kuvertüre fein hacken.

8. Die Kirschfüllung in einen kleinen Gefrierbeutel füllen, eine kleine Ecke abschneiden. Auf 28 der Gebäckstreifen der Länge nach jeweils einen dünnen Streifen spritzen. Die Streifen mit der gehackten weißen Kuvertüre bestreuen. Die Gebäckstreifen als Oberteile beiseitelegen. Restliche Kirschfüllung auf weitere 28 Gebäckstreifen spritzen.

9. Für die Kuvertürefüllung die Kuvertüre hacken und mit dem Kokosfett in einem kleinen Topf im Wasserbad bei schwacher Hitze unter Rühren schmelzen. Die Füllung etwas abkühlen lassen, in einen kleinen Gefrierbeutel füllen und auf die restlichen 28 Gebäckstreifen spritzen. Jeweils einen Gebäckstreifen mit weißer Kuvertürefüllung, einen mit Kirschfüllung und ein Oberteil zusammensetzen. Die Stapel leicht andrücken. Die Füllungen fest werden lassen.

TIPP:

Der Teig kann gut 2 Tage im Voraus zubereitet werden. Er lässt sich in Frischhaltefolie gewickelt im Kühlschrank aufbewahren.

SCHOKOLADEN-SPEKULATIUS

Zubereitungszeit: 80 Minuten, ohne Kühl-, Abkühl- und Trockenzeit
Backzeit: 10–12 Minuten je Backblech
Haltbarkeit: etwa 3 Wochen in gut schließenden Dosen

ZUTATEN FÜR 30 STÜCK

FÜR DEN KNETTEIG:

250 g Weizenmehl
1 gestr. TL Backpulver
125 g Zucker
1 Pck. Bourbon-Vanille-Zucker
2 Tropfen Bittermandel-Aroma
½ TL gem. Zimt
½ TL gem. Gewürznelken
1 Msp. gem. Anis
1 Prise Salz
1 Ei (Größe M)
100 g Butter oder Margarine (zimmerwarm)
50 g abgezogene, gem. Mandeln

FÜR DEN GUSS:

200 g Zartbitter-Kuvertüre
2 TL Speiseöl

ZUSÄTZLICH:

Motiv-Ausstechform oder
Holz- oder Metallmodel (Spekulatiusgröße ca. 6–7 cm)

PRO STÜCK:

E: 2 g, F: 6 g, Kh: 14 g, kcal: 121

1. Für den Teig Mehl mit Backpulver in einer Rührschüssel mischen. Zucker, Vanille-Zucker, Aroma, Gewürze, Salz, Ei und Butter oder Margarine hinzufügen. Die Zutaten mit einem Mixer (Knethaken) zunächst kurz auf niedrigster, dann auf höchster Stufe gut durcharbeiten. Die Mandeln unterarbeiten.

2. Anschließend auf der leicht bemehlten Arbeitsfläche kurz zu einem Teig verkneten. Den Teig flach formen und in Frischhaltefolie gewickelt etwa 20 Minuten in den Kühlschrank legen.

3. Den Backofen vorheizen.
Ober-/Unterhitze: etwa 180 °C
Heißluft: etwa 160 °C

4. Den Teig auf der leicht bemehlten Arbeitsfläche dünn ausrollen. Aus dem Teig entweder mit beliebigen Formen Motive ausstechen oder den Teig in die Model (Holzmodel sehr gut bemehlt) drücken, den überstehenden Teig abschneiden und die Teigspekulatius aus den Modeln schlagen. Alle Spekulatius mit etwas Abstand auf Backbleche (mit Backpapier belegt) legen. Die Backbleche nacheinander (bei Heißluft zusammen) in den vorgeheizten Backofen schieben. Die Spekulatius **10–12 Minuten je Backblech backen.**

5. Die Spekulatius mit dem Backpapier von den Backblechen auf Kuchenroste ziehen. Spekulatius erkalten lassen.

6. Für den Guss Kuvertüre in kleine Stücke hacken, mit Speiseöl in einem Topf im Wasserbad bei schwacher Hitze unter Rühren schmelzen. Spekulatius mit der Rückseite oder dem unteren Viertel in die Kuvertüre tauchen, abstreifen und zum Trocknen auf Backpapier setzen.

VARIANTE:

Für Mandelspekulatius den Teig wie beschrieben zubereiten. Die Arbeitsfläche mit etwa 50 g gehobelten Mandeln bestreuen und den Teig darauf dünn ausrollen. Beliebige Motive ausstechen oder den Teig wie beschrieben in eine Model drücken. Anschließend wie beschrieben backen.

SCHOKO-MACADAMIA-STANGEN

Zubereitungszeit: 45 Minuten,
ohne Gefrier-, Abkühl- und Trockenzeit
Backzeit: 12–15 Minuten je Backblech

ZUTATEN FÜR 60 STÜCK

ZUM VORBEREITEN:

100 g Edelbitter-Schokolade
(etwa 60 % Kakaoanteil)
100 g Butter
75 g getrocknete Kirschen
100 g gesalzene, geröstete Macadamianusskerne

FÜR DEN KNETTEIG:

225 g Weizenmehl
75 g brauner Zucker
1 Pck. Bourbon-Vanille-Zucker
1 Prise Salz
1 Ei (Größe M)

FÜR DEN GUSS:

200 g weiße Kuvertüre
2 TL Speiseöl

ZUM BESTREUEN:

30 g gehobelte Mandeln

PRO STÜCK:

E: 1 g, F: 5 g, Kh: 8 g, kcal: 79

1. Zum Vorbereiten Schokolade in Stücke brechen, mit Butter in einem kleinen Topf im Wasserbad bei schwacher Hitze unter Rühren schmelzen. Schokoladenmasse abkühlen lassen. Kirschen und Macadamianusskerne hacken.

2. Für den Teig Mehl mit Zucker, Vanille-Zucker, Salz, Ei, geschmolzener Schokolade, gehackten Kirschen und Nusskernen in eine Rührschüssel geben. Die Zutaten mit einem Mixer (Knethaken) zunächst kurz auf niedrigster, dann auf höchster Stufe gut durcharbeiten. Anschließend auf der leicht bemehlten Arbeitsfläche kurz zu einem Teig verkneten.

3. Aus dem Teig drei etwa 20 cm lange, rechteckige Stangen (je etwa 5 x 2 cm) formen. Die Teigstangen in Frischhaltefolie gewickelt mindestens 30 Minuten in den Gefrierschrank legen und anfrieren lassen.

4. Den Backofen vorheizen.
Ober-/Unterhitze: etwa 180 °C
Heißluft: etwa 160 °C

5. Die Teigstangen mit einem scharfen Messer in knapp 1 cm dicke Scheiben schneiden. Dabei die Teigstangen immer wieder drehen/wenden, damit die Scheiben gleichmäßig abgeschnitten werden.

6. Die Teigscheiben auf zwei Backbleche (leicht gefettet, mit Backpapier belegt) legen. Die Backbleche nacheinander (bei Heißluft zusammen) in den vorgeheizten Backofen schieben.
Die Schoko-Macadamia-Stangen **12–15 Minuten je Backblech backen.**

7. Die Schoko-Macadamia-Stangen mit dem Backpapier von den Backblechen auf Kuchenroste ziehen und erkalten lassen.

8. Für den Guss Kuvertüre in Stücke hacken, mit Speiseöl in einem kleinen Topf im Wasserbad bei schwacher Hitze unter Rühren schmelzen.

9. Zum Bestreuen Mandeln in einer heißen Pfanne ohne Fett unter Rühren goldbraun rösten, abkühlen lassen.

10. Jeweils ein Ende der Macadamia-Stangen in die Kuvertüre tauchen, abstreifen und sofort mit den Mandeln bestreuen. Die Schoko-Macadamia-Stangen auf Backpapier setzen und die Schokolade trocknen lassen.

FOR
YOU

SEKTTROPFEN

Zubereitungszeit: 140 Minuten, ohne Kühl- und Abkühlzeit
Backzeit: etwa 7 Minuten je Backblech
▲ mit Alkohol

ZUTATEN FÜR 35 STÜCK

FÜR DEN KNETTEIG:

1 Bio-Zitrone (unbehandelt, ungewachst)
125 g Weizenmehl
50 g Puderzucker
1 Pck. Vanillin-Zucker, 1 Prise Salz
60 g Butter oder Margarine
2 Eigelb (Größe M)

FÜR DIE FÜLLUNG:

100 g weiße Schokolade
40 g Kokosfett (zimmerwarm)
40 g Puderzucker
4 EL Sekt

ZUM VERZIEREN:

30 g weiße Schokolade
Nonpareilles

ZUSÄTZLICH:

Ausstecher in Tropfenform (etwa 5 ½ cm lang)
Spritzbeutel mit Lochtülle (Ø 7 mm)

PRO STÜCK:

E: 1 g, F: 4 g, Kh: 9 g, kcal: 755

1. Für den Teig die Zitrone heiß abwaschen, abtrocknen und die Schale dünn abreiben. Die abgeriebene Zitrone und die Hälfte der Zitronenschale für die Füllung beiseitelegen.

2. Das Mehl in eine Rührschüssel geben. Puderzucker, Vanillin-Zucker, Salz und die Hälfte der Zitronenschale hinzufügen und untermischen. Butter oder Margarine in kleine Stücke schneiden, mit dem Eigelb hinzufügen.

3. Die Zutaten mit dem Mixer (Knethaken) zunächst kurz auf niedrigster, dann auf höchster Stufe gut durcharbeiten. Anschließend auf der leicht bemehlten Arbeitsfläche zu einem glatten Teig verkneten. Den Teig in Frischhaltefolie gewickelt etwa 1 Stunde in den Kühlschrank legen.

4. Den Backofen vorheizen.
Ober-/Unterhitze: etwa 200 °C
Heißluft: etwa 180 °C

5. Den Teig portionsweise auf der leicht bemehlten Arbeitsfläche etwa 2 mm dick ausrollen. Mit der Ausstechform etwa 105 Tropfen ausstechen und auf 3 Backbleche (mit Backpapier belegt) legen. Die Backbleche nacheinander (bei Heißluft zusammen) in den vorgeheizten Backofen schieben. Die Gebäcktropfen **etwa 7 Minuten je Backblech backen.**

6. Die Gebäcktropfen mit dem Backpapier von den Backblechen auf Kuchenroste ziehen und erkalten lassen.

7. Für die Füllung Schokolade in Stücke brechen, in einem kleinen Topf im Wasserbad bei schwacher Hitze unter Rühren schmelzen.

8. Die beiseitegelegte Zitrone halbieren, den Saft auspressen und 1–2 Teelöffel davon abmessen.

9. Kokosfett und Puderzucker mit einem Mixer (Rührstäbe) auf höchster Stufe geschmeidig rühren. Geschmolzene Schokolade, Sekt, die restliche, beiseitegelegte Zitronenschale und den abgemessenen Zitronensaft nach und nach hinzufügen und zu einer Creme aufschlagen.

10. Die Creme in den Spritzbeutel füllen. 70 Plätzchen mit der Creme bespritzen. Jeweils 2 der Plätzchen aufeinanderlegen und je ein Plätzchen ohne Creme darauflegen, leicht andrücken. Die

Schichtplätzchen auf einer Platte oder einem großen flachen Teller etwa 20 Minuten in den Kühlschrank stellen, bis die Creme fest ist.

11. Zum Verzieren die Schokolade in Stücke brechen und wie unter Punkt 7 beschrieben schmelzen. Die Schokolade etwas abkühlen lassen in einen kleinen Gefrierbeutel füllen, eine kleine Ecke abschneiden und einen Streifen in die Mitte der Gebäcktropfen spritzen, die Zuckerperlen auf die feuchte Schokolade streuen (am besten über einer Schüssel).

TIPP:

Wenn die Schichtplätzchen ohne Alkohol sein sollen, dann verwenden Sie statt Sekt einfach Apfelsaft. Ohne Füllung sind die Plätzchen 2–3 Wochen in gut schließenden Dosen haltbar.

VARIANTE:

Die Plätzchen lassen sich dank ihrer Form auch gut als Mäusegesichter garnieren. Dafür mit der weißen Schokolade zarte Tupfer aufspritzen: jeweils zwei an der halbrunden Seite und einen an der Spitze. Dann als Augen bzw. Näschen jeweils eine Schoko-Dekorkugel darauflegen.

SONNENBLUMEN-KÜRBISKERN-KNUSPERCHEN

Zubereitungszeit: 30 Minuten, ohne Abkühlzeit
Backzeit: etwa 15 Minuten
Haltbarkeit: etwa 2 Wochen in gut schließenden Dosen

ZUTATEN FÜR 48 STÜCK

FÜR DIE KÖRNERMASSE:

60 g Butter
1 Bio-Zitrone (unbehandelt, ungewachst)
30 g Zitronat (Sukkade)
250 g Sonnenblumenkerne
200 g Kürbiskerne
100 g backstabile Schokolade, grob gehackt
200 g Zucker
40 g Weizenmehl
2 Eigelb (Größe M)
1 Ei (Größe M)

100 g Zitronenglasur

PRO STÜCK:

E: 3 g, F: 7 g, Kh: 8 g, kcal: 109

1. Für die Körnermasse die Butter zerlassen und abkühlen lassen. Zitrone heiß abwaschen, abtrocknen und die Schale auf einer Küchenreibe dünn abreiben. Zitrone halbieren und den Saft auspressen. Zitronat sehr fein hacken.

2. Den Backofen vorheizen.
Ober-/Unterhitze: etwa 200 °C
Heißluft: etwa 180 °C

3. Sonnenblumenkerne mit Kürbiskernen, gehackter Schokolade, Zitronenschale, Zitronat, Zucker und Mehl mischen. Flüssige Butter, 2–3 Esslöffel Zitronensaft, Eigelb und das Ei unterrühren.

4. Die Masse auf einem Backblech (30 x 40 cm, gefettet, mit Backpapier belegt) verteilen und mit einem Löffel gleichmäßig zu einer gleichmäßigen Platte verstreichen.

5. Das Backblech in den vorgeheizten Backofen schieben. Platte **etwa 15 Minuten backen.**

6. Das Backblech auf einen Kuchenrost stellen. Die Körnerplatte sofort mit einem Messer in Quadrate (etwa 5 x 5 cm) schneiden. Knusperchen erkalten lassen.

7. Kuchenglasur nach Packungsanleitung erwärmen. Knusperchen mit der flüssigen Glasur streifig überziehen. Glasur fest werden lassen.

TIPP:

Die Körnerplatte unbedingt heiß schneiden. Sollte die Körnerplatte schwer zu schneiden sein, nochmals kurz im vorgeheizten Backofen anwärmen und dann weiter schneiden.

VARIANTE:

Von der Schokolade 50 g gegen die gleiche Menge getrocknete, gehackte Berberitzen oder Gojibeeren austauschen.

SPRITZGEBÄCK MIT MANDELN

Zubereitungszeit: etwa 60 Minuten, ohne Abkühlzeit
Backzeit: etwa 12 Minuten je Backblech

ZUTATEN FÜR ETWA 140 STÜCK

FÜR DEN TEIG:

375 g Butter oder Margarine (zimmerwarm)
250 g Zucker
2 Pck. Vanillin-Zucker, 1 Prise Salz
500 g Weizenmehl
125 g abgezogene, gem. Mandeln

ZUSÄTZLICH:

Gebäckpresse

PRO STÜCK:

E: 1 g, F: 3 g, Kh: 4 g, kcal: 45

1. Den Backofen vorheizen.
Ober-/Unterhitze: etwa 180 °C
Heißluft: etwa 160 °C

2. Für den Teig Butter oder Margarine in einer Rührschüssel mit einem Mixer (Rührstäbe) auf auf höchster Stufe geschmeidig rühren. Nach und nach Zucker, Vanillin-Zucker und Salz unterrühren. So lange rühren, bis eine gebundene Masse entstanden ist. Zwei Drittel des Mehls in 2 Portionen auf mittlerer Stufe kurz unterrühren.

3. Den Teigbrei mit dem übrigen Mehl und den Mandeln auf der Arbeitsfläche kurz zu einem glatten Teig verkneten und zu Rollen formen. Die Rollen in eine Gebäckpresse geben, Kränze auf Backbleche (gefettet, mit Backpapier belegt) spritzen und diese nacheinander (bei Heißluft zusammen) in den vorgeheizten Backofen schieben. Das Spritzgebäck **etwa 12 Minuten backen.**

4. Das Gebäck mit dem Backpapier vom Backblech auf einen Kuchenrost ziehen und erkalten lassen.

TIPPS:

Sie können den Teig auch durch einen Fleischwolf mit Spezialvorsatz drehen und als einfache Stangen oder dekorative S-Formen auf ein mit Backpapier belegtes Backblech legen.

VARIANTE:

Tauchen Sie das erkaltete Spritzgebäck in geschmolzene Schokolade und bestreuen Sie es mit gehackten Pistazienkernen.

SPRITZGEBÄCK-SCHOKOSTREIFEN

Zubereitungszeit: 50 Minuten, ohne Abkühlzeit
Backzeit: etwa 15 Minuten je Backblech

ZUTATEN FÜR 80 STÜCK

FÜR DEN RÜHRTEIG:

250 g Butter oder Margarine (zimmerwarm)
175 g Zucker
1 Pck. Vanillin-Zucker
1 Ei (Größe M)
275 g Weizenmehl
20 g gesiebtes Kakaopulver
100 g abgezogene, gem. Mandeln
½ Pck. Orangenschalen-Aroma

FÜR DEN GUSS:

250 g weiße Schokolade
2 TL Speiseöl

ZUSÄTZLICH:

1 Fleischwolf mit Gebäcktülle

PRO STÜCK:

E: 1 g, F: 5 g, Kh: 7 g, kcal: 72

1. Für den Teig Butter oder Margarine mit einem Mixer (Rührstäbe) auf höchster Stufe geschmeidig rühren. Nach und nach Zucker und Vanillin-Zucker unterrühren. So lange rühren, bis eine gebundene Masse entstanden ist. Ei etwa ½ Minute unterrühren. Mehl mit Kakao mischen, in 2 Portionen auf mittlerer Stufe unterrühren. Mandeln und Aroma untermischen.

2. Den Backofen vorheizen.
Ober-/Unterhitze: etwa 180 °C
Heißluft: etwa 160 °C

3. Die Gebäcktülle für Spritzgebäck auf einen Fleischwolf setzen und festschrauben. Das gewünschte Muster mit dem Schieber an der Gebäcktülle einstellen.

4. Den Teig portionsweise in den Fleischwolf geben und durch die Tülle direkt auf ein Schneidbrett gleiten lassen, in 5–7 cm lange Streifen schneiden und auf Backbleche (mit Backpapier belegt) legen. Die Backbleche nacheinander (bei Heißluft zusammen) in den vorgeheizten Backofen schieben. Das Spritzgebäck etwa 15 Minuten je Backblech backen.

5. Das Gebäck mit dem Backpapier von den Backblechen auf Kuchenroste ziehen und erkalten lassen.

6. Für den Guss Schokolade in Stücke brechen, mit Speiseöl in einem kleinen Topf im Wasserbad bei schwacher Hitze unter Rühren schmelzen. Das Gebäck mit den Enden in die Schokolade tauchen, abstreifen und auf Backbleche (mit Backpapier belegt) legen. Den Guss fest werden lassen.

STOLLEN-STREIFEN

- Zubereitungszeit: 40 Minuten, ohne Einweich- und Abkühlzeit
  Backzeit: etwa 25 Minuten
  Haltbarkeit: kalt gestellt etwa 3 Wochen mit Backpapier eingeschichtet in gut schließenden Dosen
- ▲ mit Alkohol

ZUTATEN FÜR 30 STÜCK

ZUM VORBEREITEN:

200 g Rosinen
70 ml Rum
50 g gewürfeltes Orangeat
50 g gewürfeltes Zitronat (Sukkade)

FÜR DEN TEIG:

250 g Weizenmehl (Type 550)
2 gestr. TL Backpulver
70 g Zucker
1 Pck. Vanillin-Zucker
1 Prise Salz
2 Tropfen Butter-Vanille-Aroma
je 1 Msp. gem. Gewürznelken, Ingwer, Kardamom, Muskatnuss, Zimt
1 Ei (Größe M)
120 g Butter (zimmerwarm)
150 g Magerquark
125 g abgezogene, gem. Mandeln

ZUM BESTREICHEN:

150 g Butter
120 g Puderzucker

PRO STÜCK:

E: 3 g, F: 10 g, Kh: 20 g, kcal: 193

1. Zum Vorbereiten Orangeat und Zitronat fein hacken. Rosinen abspülen und abtropfen lassen. Rosinen und Rum in einem kleinen Topf zugedeckt bei schwacher Hitze etwa 15 Minuten erwärmen, bis die Rosinen den Rum aufgesogen haben. Rum-Rosinen abkühlen lassen.

2. Den Backofen vorheizen.
Ober-/Unterhitze: etwa 180 °C
Heißluft: etwa 160 °C

3. Für den Teig Mehl mit Backpulver in einer Rührschüssel mischen. Restliche Zutaten für den Teig hinzufügen und mit dem Mixer (Knethaken) zunächst kurz auf niedrigster, dann auf höchster Stufe gut durcharbeiten.

4. Den Teig auf eine leicht bemehlte Arbeitsfläche geben. Zitronat, Orangeat und die Rum-Rosinen unterkneten.

5. Den Teig zu einem Rechteck (etwa 30 x 20 cm) ausrollen und auf ein Backblech (mit Backpapier belegt) legen. Das Gebäck im vorgeheizten Backofen **etwa 25 Minuten backen.**

6. Das Backblech auf einen Kuchenrost stellen, das Gebäck erkalten lassen.

7. Anschließend das Gebäck in Streifen (etwa 10 x 2 cm) schneiden.

8. Die Butter zerlassen. Die Seiten und Oberflächen der Streifen mit Butter bestreichen und etwas einziehen lassen. Dann zuerst die Seiten, dann die Oberflächen mit Puderzucker bestäuben.

STREUSEL-FLOCKEN-KEKSE

◷ Zubereitungszeit: 30 Minuten, ohne Einweich-, Abkühl- und Trockenzeit
Backzeit: etwa 20 Minuten
Haltbarkeit: etwa 2 Wochen in gut schließenden Dosen
✚ vegan
▲ mit Alkohol

ZUTATEN FÜR 24 STÜCK

ZUM VORBEREITEN:

70 g Korinthen
40 ml veganer Rotwein

FÜR DEN TEIG:

100 g feste, vegane Margarine (80 % Fett)
80 g Muscovado-Zucker (brauner Voll-Rohrzucker)
1 Prise Salz
100 g Hirseflocken
100 g Dinkelmehl (Type 630)

60 g Puderzucker
etwa 1 EL veganer Rotwein

PRO STÜCK:

E: 1 g, F: 4 g, Kh: 13 g, kcal: 93

1. Zum Vorbereiten Korinthen in ein Sieb geben, mit heißem Wasser abspülen und abtropfen lassen. Korinthen und Rotwein in einem kleinen Topf erwärmen, bei schwacher Hitze etwa 15 Minuten quellen lassen, bis der Rotwein von den Korinthen aufgesogen ist. Abkühlen lassen.

2. Den Backofen vorheizen.
Ober-/Unterhitze: etwa 160 °C
Heißluft: etwa 140 °C

3. Für den Teig Margarine, Zucker und Salz in eine Rührschüssel geben und mit dem Mixer (Rührstäbe) cremig rühren. Eingeweichte, abgekühlte Korinthen und Hirseflocken unterrühren. Das Mehl hinzugeben. Die Zutaten kurz auf niedrigster Stufe zu Streuseln verarbeiten.

4. Die Streusel auf ein Backblech (mit Backpapier belegt) geben und mit den Händen zu etwa 24 runden Häufchen formen. Das Backblech in den vorgeheizten Backofen schieben. Die Kekse **etwa 20 Minuten backen.** Das Backblech auf einen Kuchenrost stellen. Die Kekse erkalten lassen.

5. Puderzucker und Rotwein zu einem glatten Guss verrühren, in einen kleinen Gefrierbeutel füllen und eine kleine Ecke abschneiden. Den Guss in kleinen Tupfen oder in Streifen auf die Kekse spritzen. Den Guss trocknen lassen.

STREUSEL-RAUTEN

Zubereitungszeit: 50 Minuten,
ohne Kühl- und Abkühlzeit
Kühlzeit: mindestens 12 Stunden
Backzeit: etwa 10 Minuten je Backblech

ZUTATEN FÜR 30 STÜCK

FÜR DEN TEIG:

40 g dunkler Zuckerrübensirup (Rübenkraut)
50 g Zucker
90 g Butter oder Margarine
200 g Weizenmehl (Type 550)
1 TL Lebkuchengewürz
1 Msp. Backpulver

FÜR DIE NUSS-STREUSEL:

100 g gehobelte Haselnusskerne
50 g Vollkorn-Weizenmehl
60 g Hagelzucker
70 g Butter oder Margarine (zimmerwarm)

ZUM BESTREICHEN:

100 g gemischte Beerenkonfitüre

PRO STÜCK:

E: 2 g, F: 7 g, Kh: 13 g, kcal: 120

1. Für den Teig Sirup, Zucker und Butter oder Margarine in einem Topf unter Rühren erhitzen (nicht kochen), bis der Zucker geschmolzen ist und eine glatte Masse entstanden ist. Zuckermasse abkühlen lassen.

2. Mehl, Lebkuchengewürz und Backpulver in einer Rührschüssel mischen. Die abgekühlte Zuckermasse hinzugeben und mit einem Mixer (Knethaken) zunächst kurz auf niedrigster, dann auf höchster Stufe zu einem glatten Teig verarbeiten. Den Teig in Frischhaltefolie gewickelt mindestens 12 Stunden in den Kühlschrank legen.

3. Für die Streusel 70 g der Nusskerne mit Mehl und Hagelzucker in einer Rührschüssel mischen. Butter oder Margarine hinzugeben. Die Zutaten mit dem Mixer (Rührstäbe) auf niedrigster Stufe zu Streuseln von gewünschter Größe verarbeiten. Die restlichen gehobelten Nusskerne mit den Händen unterarbeiten. Die Streusel etwa 20 Minuten in den Kühlschrank stellen.

4. Den Backofen vorheizen.
Ober-/Unterhitze: etwa 180 °C
Heißluft: etwa 160 °C

5. Den kalt gelegten Teig auf der bemehlten Arbeitsfläche etwa 2 mm dick ausrollen und mit einem gezackten Teigrädchen in Rauten (etwa 7 x 5 cm) schneiden. Die Rauten auf zwei Backbleche (mit Backpapier belegt) verteilen.

6. Zum Bestreichen die Konfitüre glatt rühren und mit einem Teelöffel als Streifen auf die Rauten streichen. Die kalt gestellten Streusel gleichmäßig darauf verteilen.

7. Die Backbleche nacheinander (bei Heißluft zusammen) in den vorgeheizten Backofen schieben. **Das Gebäck etwa 10 Minuten je Backblech backen.**

8. Die Backbleche auf Kuchenroste stellen. Die braunen Kuchen erkalten lassen.

TANNENBÄUMCHEN

- Zubereitungszeit: 1 1/2 Stunden, ohne Kühl- und Abkühlzeit
Backzeit: 5–7 Minuten je Backblech
Kühlzeit: etwa 1 Stunde
Haltbarkeit: etwa 2 Wochen

ZUTATEN FÜR 24 STÜCK

FÜR DEN KNETTEIG:

200 g Weizenmehl
80 g Puderzucker
1 Prise Salz
½ Pck. Orangenschalen-Aroma
150 g Butter oder Margarine
1 Eigelb (Größe M)
1 EL kaltes Wasser

FÜR DIE FÜLLUNG:

2 Stängel Rosmarin
150 g weiße Schokolade
30 g flüssiger Blütenhonig
25 g Kokosfett
grünes Speisefarbenpulver

ZUM GARNIEREN:

24 Zuckerperlen

ZUSÄTZLICH:

Stern-Ausstecher (Ø 7 cm, 6 cm, 5 cm, 4 cm, 3 cm)

PRO STÜCK:

E: 1 g, F: 8 g, Kh: 15 g, kcal: 144

1. Für den Teig Mehl, Puderzucker, Salz, Aroma, Butter oder Margarine, Eigelb und Wasser in eine Rührschüssel geben. Die Zutaten mit einem Mixer (Knethaken) zunächst kurz auf niedrigster, dann auf höchster Stufe gut durcharbeiten. Anschließend auf der leicht bemehlten Arbeitsfläche kurz zu einem Teig verkneten. Den Teig in Frischhaltefolie gewickelt etwa 1 Stunde in den Kühlschrank legen.

2. Den Backofen vorheizen.
Ober-/Unterhitze: etwa 180 °C
Heißluft: etwa 160 °C

3. Den Teig portionsweise auf der leicht bemehlten Arbeitsfläche etwa 2 mm dick ausrollen. Jeweils 24 Sterne mit einem Durchmesser von je 7 cm, 6 cm, 5 cm, 4 cm und 3 cm ausstechen. Die Sterne mit genügend Abstand auf Backbleche (mit Backpapier belegt) legen. Dabei jeweils gleich große Sterne auf ein Backblech legen.

4. Die Backbleche aufgrund der unterschiedlichen Backzeiten nacheinander in den vorgeheizten Backofen schieben. Größere Sterne (Ø 7 cm und 6 cm) **etwa 7 Minuten,** kleinere Sterne (Ø 5 cm, 4 cm und 3 cm) **5–6 Minuten backen.**

5. Die Sterne mit dem Backpapier jeweils vom Backblech auf Kuchenroste ziehen und erkalten lassen.

6. Für die Füllung Rosmarin abspülen, trocken tupfen und die Nadeln von den Stängeln zupfen, Nadeln sehr fein schneiden. Schokolade fein hacken. Honig und gehackten Rosmarin in einem kleinen Topf aufkochen. Das Kokosfett unterrühren. Den Topf von der Kochstelle nehmen, die Masse mit Speisefarbe grün färben. Nach und nach die gehackte Schokolade mit einem Kochlöffel unterrühren und schmelzen lassen.

7. Die Füllung in einen Gefrierbeutel füllen, eine Ecke abschneiden. Jeweils 5 unterschiedlich große Sterne mit der Füllung zu einem Tannenbäumchen zusammensetzen. Zum Schluss auf jedes Tannenbäumchen einen kleinen Tupfen Füllung spritzen und mit einer Zuckerperle garnieren. Die restliche Füllung nach Belieben kreisförmig auf die Tannenbäumchen spritzen. Die Füllung fest werden lassen.

TERRASSENPLÄTZCHEN

Zubereitungszeit: etwa 90 Minuten, ohne Kühl- und Abkühlzeit
Backzeit: etwa 10 Minuten je Backblech
Haltbarkeit: kühl gestellt etwa 2 Wochen in gut schließenden Dosen

ZUTATEN FÜR ETWA 60 STÜCK

FÜR DEN KNETTEIG:

300 g Weizenmehl
2 gestr. TL Backpulver
100 g Zucker
1 Pck. Vanillin-Zucker
1 Ei (Größe M)
150 g Butter oder Margarine (zimmerwarm)

ZUM BESTREICHEN:

80 g rotes Gelee, z. B. Johannisbeergelee

ZUM BESTÄUBEN:

etwas Puderzucker

ZUSÄTZLICH:

Ausstechform in 3 Größen (Ø etwa 4 cm, 3 cm und 1 ½ cm)

PRO STÜCK:

E: 1 g, F: 2 g, Kh: 7 g, kcal: 50

1. Für den Teig Mehl mit Backpulver in einer Rührschüssel mischen. Restliche Zutaten hinzufügen und mit einem Mixer (Knethaken) zunächst kurz auf niedrigster, dann auf höchster Stufe gut durcharbeiten.

2. Anschließend auf der leicht bemehlten Arbeitsfläche kurz zu einem glatten Teig verkneten. Den Teig in Frischhaltefolie gewickelt etwa 1 Stunde in den Kühlschrank legen.

3. Den Backofen vorheizen.
Ober-/Unterhitze: etwa 180 °C
Heißluft: etwa 160 °C

4. Den Teig portionsweise auf der leicht bemehlten Arbeitsfläche etwa 3 mm dick ausrollen. Plätzchen von gleicher Form und gleicher Anzahl, aber in 3 verschiedenen Größen ausstechen.

5. Die Plätzchen auf 3–4 Backbleche (mit Backpapier belegt) legen. Die Backbleche nacheinander (bei Heißluft zusammen) in den vorgeheizten Backofen schieben. Die Plätzchen **etwa 10 Minuten je Backblech backen.**

6. Die Plätzchen mit dem Backpapier von den Backblechen auf Kuchenroste ziehen und erkalten lassen.

7. Zum Bestreichen Gelee glatt rühren. Von je 3 Plätzchen verschiedener Größe die beiden kleineren auf der Unterseite mit dem Gelee bestreichen und dann terrassenförmig auf das größte setzen.

8. Die Plätzchen mit etwas Puderzucker bestäuben. Nach Belieben noch kleine Geleetupfen auf die Plätzchen geben.

TOFFEE-KEKSE

Zubereitungszeit: 40 Minuten, ohne Kühlzeit
Backzeit: etwa 15 Minuten

ZUTATEN FÜR 8–9 GROSSE KEKSE

ZUM VORBEREITEN:

100 g Milchschokoladenpralinen mit feiner Toffeefüllung

FÜR DEN TEIG:

80 g Butter (zimmerwarm)
2 TL Instant-Kaffeepulver
80 g brauner Zucker
1 Prise Salz
1 Ei (Größe M)
150 g Weizenmehl
2 Msp. Natron

evtl. 1 EL geröstete Kaffeebohnen

PRO STÜCK:

E: 3 g, F: 12 g, Kh: 29, kcal: 241

1. Zum Vorbereiten die Pralinen vierteln.

2. Den Backofen vorheizen.
Ober-/Unterhitze: etwa 200 °C
Heißluft: etwa 180 °C

3. Für den Teig Butter mit Instant-Kaffeepulver, Zucker und Salz in eine Schüssel geben. Die Zutaten mit einem Mixer (Rührstäbe) zunächst kurz auf niedrigster, dann auf höchster Stufe schaumig schlagen. Das Ei hinzugeben und ca. 1 Minute unterschlagen.

4. Das Mehl mit dem Natron gut vermischen. Die Mehlmischung auf die Butter-Ei-Masse geben und mit einem Teigschaber unterheben. Anschließend die vorbereiteten Pralinenviertel unterheben.

5. Den Teig mit 2 Esslöffeln oder einem Eisportionierer in gleich großen, runden Häufchen auf ein Backblech (gefettet, mit Backpapier belegt) setzen, dabei genügend Abstand zwischen den Teighäufchen lassen. Die Teighäufchen mit einem in Wasser getauchten Löffel zu flachen Keksen verstreichen.

6. Nach Belieben die Kaffeebohnen grob hacken. Die Kekse damit bestreuen und leicht in den Teig drücken. Das Backblech in den vorgeheizten Backofen schieben. Die Toffee-Kekse **etwa 15 Minuten backen.**

7. Die Kekse mit dem Backpapier von dem Backblech auf einen Kuchenrost ziehen und erkalten lassen.

TRIPLE CHOCOLATE COOKIES

◐ Zubereitungszeit: 35 Minuten, ohne Abkühlzeit
Backzeit: 12–15 Minuten

ZUTATEN FÜR 8–9 GROSSE COOKIES

ZUM VORBEREITEN:

100 g Zartbitter-Kuvertüre
75 g Vollmilch-Kuvertüre
75 g weiße Kuvertüre

FÜR DEN TEIG:

75 g Butter (zimmerwarm)
50 g brauner Zucker
1 Prise Salz
1 Ei (Größe M)
50 g Haselnusskrokant
90 g Weizenmehl
1 Msp. Natron
1 EL gesiebtes Kakaopulver

PRO STÜCK:

E: 4 g, F: 19 g, Kh: 34 g, kcal: 326

1. Zum Vorbereiten Zartbitter-Kuvertüre in kleine Stücke hacken, in einem Topf im Wasserbad bei schwacher Hitze unter Rühren schmelzen. Vollmilch- und weiße Kuvertüre in kleine Stücke hacken und beiseitestellen.

2. Den Backofen vorheizen.
Ober-/Unterhitze: etwa 200 °C
Heißluft: etwa 180 °C

3. Für den Teig Butter mit braunem Zucker, Salz und geschmolzener Zartbitter-Kuvertüre in eine Rührschüssel geben. Die Zutaten mit einem Mixer (Rührstäbe) zunächst kurz auf niedrigster, dann auf höchster Stufe schaumig schlagen. Das Ei hinzugeben und etwa 1 Minute unterschlagen. Vollmilch-, weiße Kuvertürestückchen und die Hälfte von dem Krokant mit einem Teigschaber unterheben.

4. Das Mehl mit dem Natron und dem Kakao gut vermischen. Die Mehl-Kakao-Mischung auf die Butter-Ei-Masse geben und mit dem Teigschaber unterheben.

5. Den Cookieteig mit 2 Esslöffeln oder einem Eisportionierer in gleich großen, runden Häufchen auf ein Backblech (gefettet, mit Backpapier belegt) setzen, dabei genügend Abstand zwischen den Teighäufchen lassen. Die Teighäufchen mit einem in Wasser getauchten Löffel zu flachen Cookies verstreichen. Die Cookies mit dem restlichen Haselnusskrokant bestreuen.

6. Das Backblech in den vorgeheizten Backofen schieben. Die Triple Chocolate Cookies **12–15 Minuten backen**.

7. Die Cookies mit dem Backpapier von dem Backblech auf einen Kuchenrost ziehen und erkalten lassen.

Homemade
Cookies

VANILLE-NUSS-WHOOPIES

● Zubereitungszeit: 50 Minuten, ohne Kühl- und Abkühlzeit
Backzeit: etwa 14 Minuten je Backblech
▲ mit Alkohol

ZUTATEN FÜR 6–7 STÜCK

FÜR DIE FÜLLUNG:

125 g klein gehackte weiße Kuvertüre
50 ml Vanillelikör

FÜR DEN TEIG:

150 g Butter oder Margarine (zimmerwarm)
50 g Puderzucker, 1 Prise Salz
1 Pck. Bourbon-Vanille-Zucker
1 Eigelb (Größe M)
150 g Weizenmehl
½ gestr. TL Backpulver
75 g gemahlene Walnusskerne
6–7 Walnusskernhälften

ZUM GARNIEREN:

2–3 EL Haselnusskrokant

ZUSÄTZLICH:

Spritzbeutel mit Lochtülle (Ø 1 cm)

PRO STÜCK:

E: 7 g, F: 38 g, Kh: 44 g, kcal: 552

1. Für die Füllung die Kuvertüre in eine hitzebeständige Schüssel geben. Likör kurz aufkochen, sofort über die Kuvertüre gießen und so lange rühren, bis diese geschmolzen ist, dann zugedeckt kalt stellen.

2. Den Backofen vorheizen.
Ober-/Unterhitze: etwa 180 °C
Heißluft: etwa 160 °C

3. Für den Teig Butter oder Margarine, Puderzucker und Salz mit einem Mixer (Rührstäbe) auf höchster Stufe etwa 4 Minuten schaumig schlagen. Eigelb unterschlagen. Mehl mit Backpulver und gemahlenen Nüssen mischen und mit einem Teigschaber unterheben.

4. Den Teig in den Spritzbeutel geben und 12 oder 14 Teigspiralen (Ø etwa 6 cm) mit genügend Abstand auf 2 Backbleche (gefettet, mit Backpapier belegt) spritzen. Die Hälfte mit jeweils einer Walnusskernhälfte belegen.

5. Die Backbleche nacheinander (bei Heißluft zusammen) in den vorgeheizten Backofen schieben. Whoopies **etwa 14 Minuten je Backblech backen.**

6. Die Whoopies mit dem Backpapier von den Backblechen auf Kuchenroste ziehen und erkalten lassen.

7. Kuvertürecreme kurz durchrühren, dann auf die glatte Seite der Whoopies ohne Nusskern streichen. Restliche Whoopies mit der Wölbung nach oben daraufsetzen, so andrücken, dass die Creme an den Seiten etwas herausgedrückt wird. Creme-Ränder mit Krokant bestreuen. Die Vanille-Nuss-Whoopies zugedeckt etwa 30 Minuten in den Kühlschrank stellen.

VANILLE-ORANGEN-WHOOPIES

Zubereitungszeit: 50 Minuten, ohne Abkühlzeit
Backzeit: etwa 12 Minuten je Backblech

ZUTATEN FÜR 8–9 STÜCK

FÜR DIE FÜLLUNG:

200 ml Milch (1,5 % Fett)
15 g Vanille-Pudding-Pulver
1 EL Zucker
75 g Butter (kalt, in Stückchen)

FÜR DEN TEIG:

125 g Butter oder Margarine (zimmerwarm)
100 g Zucker
1 Prise Salz
1 Pck. Orangenschalen-Aroma
2 Eier (Größe M)
75 g Weichweizengrieß
100 g Weizenmehl
½ TL Backpulver
100 g Orangenmarmelade

ZUM GARNIEREN:

50 g Muffin Glasur lila
1 EL kleine Zuckerherzen

ZUSÄTZLICH:

Spritzbeutel mit Lochtülle (Ø etwa 1 cm)

PRO STÜCK:

E: 5 g, F: 21 g, Kh: 46 g, kcal: 417

1. Für die Füllung Milch, Pudding-Pulver und Zucker in einem Topf glatt rühren. Unter Rühren zum Kochen bringen und kurz kochen lassen, dann in eine Schüssel geben. Butter so unterrühren, dass keine Stückchen mehr zu sehen sind. Frischhaltefolie direkt auf den Pudding legen. Abkühlen lassen und in den Kühlschrank stellen.

2. Den Backofen vorheizen.
Ober-/Unterhitze: etwa 180 °C
Heißluft: etwa 160 °C

3. Für den Teig Butter oder Margarine, Zucker, Salz und Aroma mit einem Mixer (Rührstäbe) auf höchster Stufe etwa 4 Minuten schaumig schlagen. Eier nach und nach unterrühren (jedes Ei etwa ½ Minute). Grieß mit Mehl und Backpulver mischen, dann unterheben.

4. Den Teig in 16 oder 18 flachen Häufchen (Ø etwa 6 cm) mit genügend Abstand auf 2 Backbleche (gefettet, mit Backpapier belegt) setzen. Die Backbleche nacheinander (bei Heißluft zusammen) in den vorgeheizten Backofen schieben. Die Whoopies **etwa 12 Minuten je Backblech backen.**

5. Die Whoopies mit dem Backpapier von den Backblechen auf Kuchenroste ziehen und erkalten lassen.

6. Den Pudding kurz glatt rühren, dann in den Spritzbeutel geben. Auf die glatte Seite von 8 bzw. 9 Whoopies je einen äußeren Kreis spritzen. In die Mitte je 1 Teelöffel Marmelade geben. Restliche Whoopies mit der Wölbung nach oben daraufsetzen.

7. Die Glasur nach Packungsanleitung durchkneten. Eine kleine Spitze abschneiden. Auf jeden Whoopie eine Spirale spritzen und mit Zuckerherzen bestreuen.

VANILLE-SCHOKO-KIPFERL

Zubereitungszeit: 70 Minuten,
ohne Kühl- und Abkühlzeit
Backzeit: etwa 10 Minuten je Backblech

ZUTATEN FÜR 60 STÜCK

FÜR DEN KNETTEIG:

200 g Weizenmehl
1 Msp. Backpulver
70 g Zucker
1 Pck. Bourbon-Vanille-Zucker
25 g gesiebtes Kakaopulver
2 Eigelb (Größe M)
170 g Butter oder Margarine (zimmerwarm)
100 g abgezogene, gem. Mandeln

ZUM BESTÄUBEN:

25 g Puderzucker
1 Pck. Bourbon-Vanille-Zucker

PRO STÜCK:

E: 1 g, F: 4 g, Kh: 5 g, kcal: 54

1. Für den Teig Mehl mit Backpulver in einer Rührschüssel mischen. Zucker, Vanille-Zucker, Kakao, Eigelb, Butter oder Margarine und Mandeln hinzufügen. Die Zutaten mit einem Mixer (Knethaken) zunächst kurz auf niedrigster, dann auf höchster Stufe gut durcharbeiten. Anschließend auf der leicht bemehlten Arbeitsfläche kurz zu einem Teig verkneten. Den Teig in 2 Portionen teilen. Jede Teigportion in Frischhaltefolie gewickelt etwa 30 Minuten in den Kühlschrank legen.

2. Den Backofen vorheizen.
Ober-/Unterhitze: etwa 180 °C
Heißluft: etwa 160 °C

3. Eine Teigportion zunächst zu fingerdicken Rollen formen und in etwa 6 cm lange Stücke schneiden. Die Teigstücke an den Enden etwas dünner rollen und einzeln auf Backbleche (gefettet, mit Backpapier belegt) legen und zu Hörnchen formen. Dabei genügend Abstand zwischen den Hörnchen lassen.

4. Die zweite Teigportion auf die gleiche Weise zubereiten. Die Backbleche nacheinander (bei Heißluft zusammen) in den vorgeheizten Backofen schieben. Die Kipferl **etwa 10 Minuten je Backblech backen.**

5. Zum Bestäuben Puderzucker mit Vanille-Zucker mischen. Die Kipferl mit dem Backpapier von den Backblechen auf Kuchenroste ziehen. Die warmen Schoko-Kipferl mit der Puderzuckermischung bestäuben und erkalten lassen.

TIPP:

Für noch mehr Schokogeschmack: 150 g Zartbitter-Kuvertüre und 150 g weiße Kuvertüre hacken, getrennt mit je 1 Teelöffel Speiseöl in kleinen Schüsseln im Wasserbad bei schwacher Hitze unter Rühren schmelzen. Je ein Ende der Kipferl in dunkle Kuvertüre tauchen, das andere Ende in weiße Kuvertüre. Kipferl auf Backpapier setzen und trocknen lassen.

VARIANTE:

Für Nusskipferl (etwa 90 Stück) bereiten Sie aus 300 g Weizenmehl, 100 g Puderzucker, 1 Päckchen Vanillin-Zucker, 1 Prise Salz, 1 Ei (Größe M), 100 g leicht gerösteten, gemahlenen Haselnusskernen und 200 g Butter wie beschrieben einen Knetteig zu. Aus diesem formen Sie wie im Rezept beschrieben Hörnchen und backen diese bei gleicher Temperatur und gleicher Backzeit.

VANILLESTANGEN

Zubereitungszeit: 30 Minuten, ohne Abkühlzeit
Backzeit: etwa 10 Minuten je Backblech
Haltbarkeit: etwa 3 Wochen
in gut schließenden Dosen

ZUTATEN FÜR ETWA 54 STÜCK

FÜR DEN KNETTEIG:

175 g Weizenmehl
1 Pck. Vanille-Pudding-Pulver
80 g Zucker
2 Eigelb (Größe M)
125 g Butter oder Margarine
100 g abgezogene, gem. Mandeln

ZUM BESTÄUBEN:

50 g Puderzucker
1 Pck. Vanillin-Zucker

INSGESAMT:

E: 0,9 g, F: 3,2 g, Kh: 5,5 g, kcal: 54,6

1. Den Backofen vorheizen.
Ober-/Unterhitze: etwa 180–200 °C
Heißluft: etwa 160–180 °C

2. Für den Teig Mehl mit Pudding-Pulver in einer Rührschüssel mischen. Zucker, Eigelb, Butter oder Margarine, Mandeln und 1 Esslöffel kaltes Wasser hinzufügen. Die Zutaten mit einem Mixer (Knethaken) zunächst kurz auf niedrigster, dann auf höchster Stufe gut durcharbeiten. Anschließend den Teig auf der leicht bemehlten Arbeitsfläche kurz zu einem glatten Teig verkneten. Sollte er kleben, ihn in Frischhaltefolie gewickelt eine Zeit lang in den Kühlschrank legen.

3. Den Teig in 6 Portionen teilen. Jede Portion Teig auf der leicht bemehlten Arbeitsfläche zu einer Rolle (etwa 45 cm Länge) formen und schräg in 9 etwa 5 cm lange Stangen schneiden. Die Teigstangen auf Backbleche (mit Backpapier belegt) legen.

4. Die Backbleche nacheinander (bei Heißluft zusammen) in den vorgeheizten Backofen schieben. Die Stangen **etwa 10 Minuten je Backblech backen.**

5. Die Stangen mit dem Backpapier von den Backblechen auf Kuchenroste ziehen.

6. Zum Bestäuben Puderzucker mit Vanillin-Zucker mischen und die noch heißen Stangen damit bestäuben. Die Vanillestangen auf den Kuchenrosten erkalten lassen.

TIPP:

Die Vanillestangen entweder komplett mit dem Puder-Vanillin-Zucker bestäuben oder nur zu einem Drittel.

VERGOLDETES RUSSISCH BROT

Zubereitungszeit: 50 Minuten, ohne Abkühlzeit
Trockenzeit: etwa 1 Stunde
Backzeit: 10–12 Minuten je Backblech

ZUTATEN FÜR 45 STÜCK

FÜR DIE EISCHNEEMASSE:

2 Eiweiß (Größe M)
1 Prise Salz
120 g Puderzucker
80 g Weizenmehl
2 EL gesiebter Kakao
evtl. 2 EL Schokoladenstreusel zum Bestreuen

ZUM VERZIEREN:

Lebensmittelspray in Gold

ZUSÄTZLICH:

Spritzbeutel mit Lochtülle (Ø etwa 1 cm)

PRO STÜCK:

E: 0 g, F: 0 g, Kh: 4 g, kcal: 20

1. Für die Eischneemasse Eiweiß mit Salz mit einem Mixer (Rührstäbe) auf höchster Stufe so steif schlagen, dass ein Messerschnitt sichtbar bleibt. Puderzucker nach und nach unterschlagen. So lange schlagen, bis der Eischnee stark glänzt.

2. Das Mehl mit dem Kakao mischen, auf die Eischneemasse geben und mit einem Teigschaber vorsichtig unterheben.

3. Die Eischneemasse in den Spritzbeutel füllen und nach Belieben verschiedene Buchstaben und Zahlen (etwa 5 cm hoch) mit etwas Abstand auf Backbleche (gefettet, mit Backpapier belegt) spritzen. Das Russisch Brot nach Belieben mit Schokoladenstreuseln bestreuen und etwa 1 Stunde bei Zimmertemperatur trocknen lassen.

4. Den Backofen vorheizen.
Ober-/Unterhitze: etwa 160 °C
Heißluft etwa 140 °C

5. Die Backbleche nacheinander (bei Heißluft zusammen) in den vorgeheizten Backofen schieben. Russisch Brot **10–12 Minuten je Backblech backen.**

6. Das Russisch Brot mit dem Backpapier auf Kuchenroste ziehen und erkalten lassen.

7. Das erkaltete Russisch Brot aus etwa 15 cm Entfernung mit goldenem Lebensmittelspray besprühen.

TIPPS:

Backen Sie Buchstaben für die Wörter „God Jul“. Das ist schwedisch und heißt „Frohe Weihnachten“. Oder backen Sie Zahlen für einen selbstgemachten, essbaren Adventskalender.
Das Lebensmittelspray gibt es in Internet-Versandhandel zu kaufen.

VIER-SCHICHT-KEKSE

Zubereitungszeit: 45 Minuten,
ohne Kühl- und Abkühlzeit
Backzeit: etwa 10 Minuten je Backblech

ZUTATEN FÜR 65 STÜCK

ZUM VORBEREITEN:

10 g Kakaobohnensplitter
30 g getrocknete Cranberrys

FÜR DEN KNETTEIG:

200 g Weizenmehl
50 g Speisestärke
½ gestr. TL Backpulver
100 g Puderzucker, 1 Prise Salz
150 g Butter oder Margarine
1 Ei (Größe M)

1 TL gem. Kardamom
30 g abgezogene, gem. Mandeln
25 g gem. Pistazienkerne

PRO STÜCK:

E: 1 g, F: 2 g, Kh: 5 g, kcal: 45

1. Zum Vorbereiten die Kakaobohnensplitter und die getrockneten Cranberrys nacheinander fein hacken (nicht mischen).

2. Für den Teig Mehl mit Speisestärke und Backpulver in einer Rührschüssel mischen. Puderzucker und Salz untermischen. Butter oder Margarine in kleine Stücke schneiden, zusammen mit dem Ei in die Rührschüssel geben.

3. Die Zutaten mit einem Mixer (Knethaken) zunächst kurz auf niedrigster, dann auf höchster Stufe gut durcharbeiten. Anschließend auf der leicht bemehlten Arbeitsfläche kurz zu einem glatten Teig verkneten.

4. Den Teig vierteln. Unter die 1. Teigportion die Kakaobohnensplitter und den Kardamom, unter die 2. Teigportion die Cranberrys, unter die 3. Teigportion die Mandeln und unter die 4. Teigportion die Pistazienkerne kneten.

5. Jede Teigportion auf der leicht bemehlten Arbeitsfläche zu einem rechteckigen Streifen (etwa 30 x 5 cm) ausrollen. Die Streifen in beliebiger Reihenfolge aufeinanderschichten, dabei die Oberfläche der unteren drei Streifen jeweils dünn mit Wasser bestreichen. Die Streifen andrücken. Die Teigstange mit Frischhaltefolie zudecken und mindestens 2 Stunden in den Kühlschrank legen.

6. Den Backofen vorheizen.
Ober-/Unterhitze: etwa 180 °C
Heißluft: etwa 160 °C

7. Die Teigstange in 4–5 mm dicke Scheiben schneiden. Die Teigscheiben auf 2 Backbleche (mit Backpapier belegt) legen. Die Backbleche nacheinander (bei Heißluft zusammen) in den vorgeheizten Backofen schieben. Die Teigscheiben **etwa 10 Minuten je Backblech backen.**

8. Die Kekse mit dem Backpapier auf Kuchenroste ziehen und erkalten lassen.

WALNUSS-SCHOKO-TALER

Zubereitungszeit: 30 Minuten, ohne Kühl- und Abkühlzeit
Backzeit: etwa 12 Minuten je Backblech
Haltbarkeit: 3–4 Wochen in gut schließenden Dosen

ZUTATEN FÜR 70 STÜCK

FÜR DEN KNETTEIG:

100 g weiße Schokolade
100 g Walnusskerne
150 g Weizenmehl
½ gestr. TL Backpulver
50 g Puderzucker, 1 Prise Salz
1 Pck. Bourbon-Vanille-Zucker
1 Eigelb (Größe M)
100 g Butter oder Margarine
2 EL kaltes Wasser

ZUM VERZIEREN UND GARNIEREN:

50 g Zartbitter-Schokolade (etwa 50 % Kakaoanteil)
bunte Zuckerblumen

PRO STÜCK:

E: 1 g, F: 3 g, Kh: 4 g, kcal: 45

1. Für den Teig Schokolade und Walnusskerne hacken. Mehl mit Backpulver und Puderzucker in einer Rührschüssel mischen. Salz, Vanille-Zucker, Eigelb, Butter oder Margarine, Wasser, Schokoladen- und Walnusskernstücke hinzufügen. Die Zutaten mit einem Mixer (Knethaken) zunächst kurz auf niedrigster, dann auf höchster Stufe gut durcharbeiten.

2. Anschließend auf der leicht bemehlten Arbeitsfläche kurz verkneten. Aus dem Teig zwei etwa 20 cm lange Rollen formen. Die Rollen in Frischhaltefolie gewickelt etwa 2 Stunden in den Kühlschrank legen.

3. Den Backofen vorheizen.
Ober-/Unterhitze: etwa 180 °C
Heißluft: etwa 160 °C

4. Die Teigrollen mit einem Sägemesser in gut ½ cm dicke Scheiben schneiden. Dabei die Rollen immer wieder drehen, damit die Scheiben gleichmäßig abgeschnitten werden. Die Teigscheiben auf zwei Backbleche (mit Backpapier belegt) legen.

5. Die Backbleche nacheinander (bei Heißluft zusammen) in den vorgeheizten Backofen schieben. Die Walnuss-Schoko-Taler **etwa 12 Minuten je Backblech backen.**

6. Die Walnuss-Schoko-Taler mit dem Backpapier von den Backblechen auf Kuchenroste ziehen und erkalten lassen.

7. Zum Verzieren Schokolade in Stücke brechen, in einem kleinen Topf im Wasserbad bei schwacher Hitze unter Rühren schmelzen. Schokolade dünn über die Taler sprenkeln und sofort mit den Zuckerblumen bestreuen. Die Schokolade fest werden lassen.

WEIHNACHTSSCHMUCK

Zubereitungszeit: 1 Stunde, ohne Kühl- und Abkühlzeit
Backzeit: etwa 10 Minuten je Backblech
Haltbarkeit: etwa 4 Wochen

ZUTATEN FÜR 24 STÜCK

FÜR DEN KNETTEIG:

250 g Weizenmehl
100 g gem. Haselnusskerne
½ TL gem. Zimt
100 g Zucker, 1 Prise Salz
200 g Butter
½ Ei (Größe M)

ZUM GARNIEREN:

½ Ei (Größe M)
3–4 EL Milch
50 g Belegkirschen
50 g abgezogene, halbierte Mandeln
20 g Pistazienkerne
20 g gehackte Haselnusskerne

ZUSÄTZLICH:

Motiv-Ausstecher (Ø etwa 7 cm)
Lochtülle (Ø etwa ½ cm)

PRO STÜCK:

E: 3 g, F: 12 g, Kh: 15 g, kcal: 177

1. Für den Teig Mehl mit Haselnusskernen und Zimt in einer Rührschüssel mischen. Restliche Zutaten hinzufügen und mit einem Mixer (Knethaken) zunächst kurz auf niedrigster, dann auf höchster Stufe gut durcharbeiten. Anschließend auf der leicht bemehlten Arbeitsfläche kurz zu einem glatten Teig verkneten. Den Teig in Frischhaltefolie gewickelt 1–2 Stunden in den Kühlschrank legen.

2. Den Backofen vorheizen.
Ober-/Unterhitze: etwa 180 °C
Heißluft etwa 160 °C

3. Den Teig kurz durchkneten und auf der leicht bemehlten Arbeitsfläche etwa ½ cm dick ausrollen. Mit den Ausstechformen beliebige Motive ausstechen. Aus jedem Plätzchen mit der Lochtülle ein Loch zum Aufhängen stechen.

4. Die Teigreste wieder zusammenkneten, erneut ausrollen und weitere Motive ausstechen – so oft, bis der Teig aufgebraucht ist. Die Plätzchen mit etwas Abstand auf Backbleche (gefettet, mit Backpapier belegt) legen.

5. Zum Garnieren das halbe Ei mit der Milch verschlagen. Die Plätzchen mit der Eiermilch bestreichen, mit Belegkirschen, Mandeln, Pistazien und Haselnusskernen belegen und leicht andrücken.

6. Die Backbleche nacheinander (bei Heißluft zusammen) in den vorgeheizten Backofen schieben. Die Plätzchen **etwa 10 Minuten je Backblech backen.**

7. Die Plätzchen mit dem Backpapier von den Backblechen auf Kuchenroste ziehen und erkalten lassen.

YIN & YANG-KEKSE

Zubereitungszeit: 40 Minuten, ohne Abkühlzeit
Backzeit: 8–10 Minuten je Backblech
Haltbarkeit: etwa 2 Wochen
in einer gut schließenden Dose

ZUTATEN FÜR ETWA 65 STÜCK

ZUM VORBEREITEN:

50 g Kokosraspel

FÜR DEN KNETTEIG:

150 g Dinkelmehl (Type 630)
½ TL Backpulver
75 g Zucker
1 Pck. Vanillin-Zucker
100 g Butter
50 g Kokoscreme
3 EL Kokosmilch

FÜR DEN WEISSEN GUSS:

150 g gesiebter Puderzucker
4 EL Kokosmilch
1–2 EL Zitronensaft

FÜR DEN ROTEN GUSS:

100 g Schwarzkirschkonfitüre
1 EL Zitronensaft

ZUSÄTZLICH:

Ausstecher rund (Ø etwa 5 cm)

PRO STÜCK:

E: 0 g, F: 2 g, Kh: 6 g, kcal: 43

1. Zum Vorbereiten die Kokosraspel in einem Mixer noch feiner zerkleinern.

2. Für den Teig Mehl mit Backpulver mischen und in eine Rührschüssel geben. Die Kokosraspel, Zucker, Vanillin-Zucker, Butter, in kleine Stücke geschnittene Kokoscreme und Kokosmilch hinzufügen. Die Zutaten mit Mixer (Knethaken) zunächst kurz auf niedrigster, dann auf höchster Stufe zu einem glatten Teig verarbeiten. Den Teig in Frischhaltefolie gewickelt etwa 30 Minuten in den Kühlschrank legen.

3. Den Backofen vorheizen.
Ober-/Unterhitze: etwa 180 °C
Heißluft: etwa 160 °C

4. Den Teig auf der leicht bemehlten Arbeitsplatte 3–4 mm dick ausrollen. Kreise ausstechen und auf Backbleche (mit Backpapier belegt) legen. Die Backbleche nacheinander (bei Heißluft zusammen) in den vorgeheizten Backofen schieben. Die Plätzchen **8–10 Minuten je Backblech backen.**

5. Die Plätzchen mit dem Backpapier von den Backblechen auf Kuchenroste ziehen und erkalten lassen.

6. Für den weißen Guss Puderzucker mit Kokosmilch und Zitronensaft zu einer dickflüssigen Masse verrühren. Vom Guss gut 1 Esslöffel in ein Papierspritztütchen füllen und in Frischhaltefolie gewickelt beiseitelegen. Den restlichen Guss in Form des Yin-Zeichens mithilfe eines kleinen Teelöffels jeweils auf eine Plätzchenhälfte streichen. Den Guss fest werden lassen.

7. Für den roten Guss Konfitüre pürieren, mit Zitronensaft in einem kleinen Topf unter Rühren kurz aufkochen lassen. Den roten Guss auf die zweite Plätzchenhälfte in Form des Yang -Zeichens streichen (1 Esslöffel des roten Gusses in ein Papierspritztütchen füllen). Sollte die Konfitüre zwischendurch zu fest geworden sein, nochmals kurz erwärmen.

8. Jeweils einen roten Punkt auf den weißen Guss und einen weißen Punkt auf den roten Guss spritzen. Guss fest werden lassen.

YUMMIES

◷ Zubereitungszeit: 30 Minuten, ohne Abkühlzeit
+ ohne Backen
glutenfrei

ZUTATEN FÜR 20 STÜCK

FÜR DIE KEKSMASSE:

200 g Edelbitter-Schokolade (etwa 85 % Kakaoanteil)
100 g ganze Mandeln
100 g Pekannusskerne
80 g Kürbiskerne
50 g Gojibeeren
30 g Kokosraspel

ZUM BESTREUEN:

10 g gehackte Pistazienkerne
etwa 15 g Gojibeeren

ZUSÄTZLICH:

Ausstecher rund (Ø 5–6 cm)
etwas Speiseöl, z. B. Sonnenblumenöl

PRO STÜCK:

E: 4 g, F: 13 g, Kh: 7 g, kcal: 165

1. Für die Keksmasse Schokolade grob hacken und in einem kleinen Topf im Wasserbad bei schwacher Hitze unter Rühren schmelzen.

2. Mandeln, Pekannuss-, Kürbiskerne und Goji-Beeren im Blitzhacker mittelfein hacken, mit den Kokosraspeln zur geschmolzenen Schokolade geben und gut untermischen.

3. Den runden Ausstecher innen mit Speiseöl ausstreichen und auf ein Backblech (leicht gefettet, mit Backpapier belegt) setzen. 1 ½ Esslöffel von der Schokoladen-Nuss-Masse in den Ausstecher geben und mit einem Teelöffel flach drücken. Den Ausstecher abziehen und mit der restlichen Masse genauso verfahren (ergibt 2 Backbleche). Zwischendurch den Ausstecher mit Küchenpapier abwischen und wieder mit etwas Speiseöl ausstreichen.

4. Zum Bestreuen die Yummies mit Pistazienkernen und einigen Gojibeeren bestreuen, diese leicht andrücken. Die Yummies bei Zimmertemperatur fest werden lassen.

TIPPS:

Man kann die Nusskerne und Beeren auch mit einem großen Küchenmesser hacken, dann dauert es aber etwas länger. Ersatzweise für Gojibeeren lassen sich auch getrocknete Aroniabeeren verarbeiten.
Einzeln in Papier-Muffinförmchen verpackt, lassen sich die Yummies übrigens auch schön verschenken.

ZEDERNBROT

◔ Zubereitungszeit: 45 Minuten, ohne Abkühlzeit
Backzeit: etwa 30 Minuten je Backblech
+ glutenfrei

ZUTATEN FÜR ETWA 50 STÜCK

FÜR DEN TEIG:

2 Eiweiß (Größe M)
250 g Puderzucker
1 Pck. Bourbon-Vanille-Zucker
1 TL Zitronensaft
abger. Schale von ½ Bio-Zitrone (unbehandelt, ungewachst)
etwa 400 g abgezogene, gem. Mandeln

FÜR DEN GUSS:

150 g Puderzucker
2–3 EL Zitronensaft

ZUSÄTZLICH:

Etwas Puderzucker
Ausstecher in Halbmondform (Größe 7–8 cm)

PRO STÜCK:

E: 2 g, F: 4 g, Kh: 9 g, kcal: 84

1. Den Backofen vorheizen.
Ober-/Unterhitze: etwa 130 °C
Heißluft: etwa 110 °C

2. Für den Teig Eiweiß mit einem Mixer (Rührstäbe) so steif schlagen, dass ein Messerschnitt sichtbar bleibt. Puderzucker mit Vanille-Zucker mischen. Zuckermischung nach und nach kurz unter den Eischnee schlagen. Zitronensaft, -schale und die Hälfte der Mandeln unterrühren. Von den restlichen Mandeln so viel unter die Eischnee-Mandel-Masse kneten, dass der Teig kaum noch klebt.

3. Den Teig auf der mit Puderzucker bestäubten Arbeitsfläche etwa 1 cm dick ausrollen. Mit Ausstechformen Halbmonde ausstechen und auf zwei Backblechen (mit Backpapier belegt) verteilen.

4. Die Backbleche nacheinander (bei Heißluft zusammen) in den vorgeheizten Backofen schieben. Das Zedernbrot **etwa 30 Minuten je Backblech backen.**

5. Das Zedernbrot mit dem Backpapier von den Backblechen auf Kuchenroste ziehen. Zedernbrot erkalten lassen.

6. Für den Guss Puderzucker mit Zitronensaft zu einem dickflüssigen, streichfähigen Guss verrühren. Die Zedernbrote damit mit einem breiten Messer bestreichen. Den Guss vollständig trocknen lassen.

ZIMT-GEWÜRZ-SHORTBREAD

Zubereitungszeit: 30 Minuten,
ohne Kühl- und Abkühlzeit
Backzeit: 25–30 Minuten je Backblech

ZUTATEN FÜR 32 STÜCK

FÜR DEN KNETTEIG:

350 g Weizenmehl
120 g Zucker
1 Pck. Bourbon-Vanille-Zucker
2 TL gem. Zimt
1 TL gem. Ingwer
½ TL gem. Koriander
½ gestr. TL Salz
1 Eigelb (Größe M)
2 EL kaltes Wasser
200 g Butter oder Margarine (zimmerwarm)

PRO STÜCK:

E: 1 g, F: 6 g, Kh: 12 g, kcal: 103

1. Für den Teig Mehl in eine Rührschüssel geben. Zucker, Vanille-Zucker, Zimt, Ingwer, Koriander, Salz, Eigelb, Wasser und Butter oder Margarine hinzugeben. Die Zutaten mit einem Mixer (Knethaken) zunächst kurz auf niedrigster, dann auf höchster Stufe gut durcharbeiten. Anschließend auf der leicht bemehlten Arbeitsfläche kurz zu einem Teig verkneten. Den Teig flach formen und in Frischhaltefolie gewickelt etwa 60 Minuten in den Kühlschrank legen.

2. Den Backofen vorheizen.
Ober-/Unterhitze: etwa 180 °C
Heißluft: etwa 160 °C

3. Den Teig zwischen zwei Lagen Backpapier zu einem etwa 1 cm dicken Rechteck (etwa 24 x 28 cm) ausrollen. Das Teigrechteck von der kürzeren Seite aus in etwa 3 cm breite Streifen schneiden. Jeden Streifen dann in etwa 7 cm lange Stücke schneiden.

4. Die Teigstücke auf zwei Backbleche (leicht gefettet, mit Backpapier belegt) legen. Die Teigstücke mit einer Gabel mehrmals einstechen. Die Backbleche nacheinander (bei Heißluft zusammen) in den vorgeheizten Backofen schieben. Shortbread **25–30 Minuten backen.**

5. Die Backbleche auf Kuchenrosten stellen. Shortbread etwa 5 Minuten auf den Backblechen abkühlen lassen. Dann das Gebäck mit dem Backpapier von den Backblechen auf Kuchenroste ziehen und erkalten lassen.

VARIANTE:

Für Schokoladen-Shortbread statt der Gewürze 25 g gesiebtes Kakaopulver untermischen.

ZIMTSTERNE MIT KOKOS

● Zubereitungszeit: 60 Minuten, ohne Abkühlzeit
Backzeit: etwa 25 Minuten
Haltbarkeit: etwa 2 Wochen in einer mit Backpapier ausgelegten Pappschachtel
+ glutenfrei

ZUTATEN FÜR 40 STÜCK

FÜR DEN TEIG:

3 Eiweiß (Größe M), 250 g Puderzucker
1 Pck. Bourbon-Vanille-Zucker
1 gestr. TL gem. Zimt
etwa 350 g abgezogene, gem. Mandeln
100 g Kokosraspel

ZUSÄTZLICH:

etwas Puderzucker
Ausstecher in Sternform (Ø etwa 5 cm)

PRO STÜCK:

E: 3 g, F: 6 g, Kh: 8 g, kcal: 99

1. Den Backofen vorheizen.
Ober-/Unterhitze: etwa 140 °C
Heißluft: etwa 120 °C

2. Für den Teig Eiweiß mit einem Mixer (Rührstäbe) auf höchster Stufe so steif schlagen, dass ein Messerschnitt sichtbar bleibt. Puderzucker nach und nach unterschlagen. So lange schlagen, bis der Eischnee stark glänzt. Zum Bestreichen der Sterne 2 gut gehäufte Esslöffel Eischnee abnehmen und beiseitestellen.

3. Vanille-Zucker, Zimt, etwa 150 g von den Mandeln und 50 g Kokosraspel vorsichtig auf niedrigster Stufe unter den Eischnee rühren. Von den restlichen Mandeln so viel mit den Händen unter den Teig kneten, dass er kaum noch klebt.

4. Den Teig auf der mit Puderzucker bestäubten Arbeitsfläche gut ½ cm dick ausrollen. Daraus mit dem Ausstecher Sterne ausstechen. Die Teigreste wieder zusammenkneten, erneut ausrollen und weitere Sterne ausstechen – so oft, bis der Teig aufgebraucht ist. Die Sterne mit genügend Abstand auf zwei Backbleche (gefettet, mit Backpapier belegt) legen.

5. Die Sterne mit dem beiseitegestellten Eischnee bestreichen. Der Eischnee soll sich glatt auf die Sterne streichen lassen, evtl. einige Tropfen Wasser unterrühren. Mit den restlichen Kokosraspeln bestreuen.

6. Die Backbleche nacheinander (bei Heißluft zusammen) in den vorgeheizten Backofen schieben. Die Zimtsterne **etwa 25 Minuten je Backblech backen.**

7. Die gebackenen Zimtsterne müssen sich auf der Unterseite noch etwas weich anfühlen.

8. Die Zimtsterne mit dem Backpapier von den Backblechen auf Kuchenroste ziehen. Zimtsterne erkalten lassen.

TIPP:

Die Sterne lassen sich besser ausstechen, wenn Sie die Ausstechform vorher immer in Mehl tauchen.

ZITRONENHERZEN

Zubereitungszeit: etwa 45 Minuten, ohne Kühl- und Abkühlzeit
Backzeit: etwa 10 Minuten je Backblech

ZUTATEN FÜR 50 STÜCK

FÜR DEN KNETTEIG:

250 g Weizenmehl (Type 405)
1 Msp. Backpulver
100 g Puderzucker
1 Pck. ger. Zitronenschale
150 g Butter oder Margarine (zimmerwarm)
1 Eiweiß (Größe M)

ZUM BESTREICHEN UND BESTREUEN:

1 Eigelb (Größe M)
1 EL kaltes Wasser
2 EL Hagelzucker

FÜR DEN GUSS:

150 g Puderzucker
2–3 EL Zitronensaft

ZUSÄTZLICH:

Ausstecher in Herzform (Ø 4–5 cm)

PRO STÜCK:

E: 0 g, F: 1 g, Kh: 5 g, kcal: 33

1. Für den Teig Mehl mit Backpulver und Puderzucker in einer Rührschüssel mischen. Restliche Zutaten hinzufügen und und mit einem Mixer (Rührstäbe) mittlerer Stufe unterarbeiten.

2. Anschließend auf einer leicht bemehlte Arbeitsfläche kurz zu einem glatten Teig verkneten. Den Teig zu einer Rolle formen, in Frischhaltefolie wickeln und mindestens 2 Stunden in den Kühlschrank legen.

3. Den Backofen vorheizen.
Ober-/Unterhitze: etwa 180 °C
Heißluft: etwa 160 °C

4. Ein Drittel des Teiges auf der bemehlten Arbeitsfläche etwa 3 mm dick ausrollen. Herzen ausstechen und auf Backbleche (mit Backpapier belegt) legen. Restteig immer wieder zusammenkneten und ausrollen, bis der Teig aufgebraucht ist.

5. Zum Bestreichen und Bestreuen Eigelb und Wasser verquirlen. Die Hälfte der Plätzchen damit bestreichen und mit Hagelzucker bestreuen. Die Backbleche nacheinander (bei Heißluft zusammen) in den vorgeheizten Backofen schieben. Die Herzen **etwa 10 Minuten je Backblech backen.**

6. Die Herzen mit dem Backpapier von den Backblechen auf Kuchenroste ziehen und erkalten lassen.

7. Für den Guss Puderzucker mit so viel Zitronensaft verrühren, dass ein dickflüssiger Guss entsteht. Den Guss auf die Plätzchen ohne Hagelzucker streichen und trocknen lassen.

ZITRONENKEKSE

Zubereitungszeit: 20 Minuten, ohne Abkühlzeit
Backzeit: etwa 10 Minuten
Haltbarkeit: etwa 1 Woche mit Backpapier eingeschichtet, in gut schließenden Dosen

ZUTATEN FÜR 50 STÜCK

FÜR DEN TEIG:

1 Bio-Zitrone (unbehandelt, ungewachst)
1 Ei (Größe M)
1 Prise Salz
1 TL Zitronensaft (von der Zitrone)
60 g Puderzucker
40 g Weizenmehl

ZUM BETRÄUFELN:

20 g Muscovado-Zucker
1 EL Zitronensaft (von der Zitrone)

PRO STÜCK:

E: 0 g, F: 0 g, Kh: 2 g, kcal: 11

1. Für den Teig die Zitrone heiß abwaschen, abtrocknen und die Schale fein abreiben. Die Zitrone halbieren und den Saft auspressen.

2. Den Backofen vorheizen.
Ober-/Unterhitze: etwa 160 °C
Heißluft: etwa 140 °C

3. Ei mit Salz und Zitronensaft in eine Rührschüssel geben und mit einem Mixer (Rührstäbe) auf höchster Stufe schaumig schlagen. Puderzucker in 1 Minute einstreuen, dann noch etwa 2 Minuten auf höchster Stufe schlagen, bis eine luftig-schaumige Creme entstanden ist.

4. Mehl mit Zitronenschale mischen und kurz auf niedrigster Stufe unterrühren. Den Teig auf ein Backblech (30 x 40 cm, mit Backpapier belegt) geben und gleichmäßig mit einer Teigkarte verstreichen.

5. Zum Beträufeln Muscovado-Zucker und Zitronensaft in einen kleinen Topf geben. Den Zucker unter Rühren mit einem Kochlöffel einmal kräftig aufkochen lassen und sofort mit dem Kochlöffel auf den Teig träufeln. Das Backblech in den vorgeheizten Backofen schieben. Das Gebäck **etwa 10 Minuten backen.**

6. Das Backblech auf einen Kuchenrost stellen. Das heiße Gebäck mit dem Backpapier vom Backblech auf ein Schneidbrett ziehen. Das Gebäck sofort in Stücke (etwa 6 x 4 cm) schneiden. Das Gebäck erkalten lassen und vorsichtig vom Backpapier lösen.

TIPP:

Wenn das Gebäck an einigen Stellen etwas dicker und noch weich ist, die Kekse im noch heißen, ausgeschalteten Backofen einige Minuten trocknen lassen.

REGISTER

DINKEL-PLÄTZCHEN

GLUTENFREIE PLÄTZCHEN

MAKRONEN

OHNE BACKEN

PLÄTZCHEN FÜR KINDER

PLÄTZCHEN MIT ALKOHOL

PLÄTZCHEN MIT FRUCHT

PLÄTZCHEN MIT KAFFEE

PLÄTZCHEN MIT MOHN

PLÄTZCHEN MIT NÜSSEN / KERNEN

PLÄTZCHEN MIT RAFFINIERTEN AROMEN

PLÄTZCHEN MIT SCHOKOLADE

SCHICHT-PLÄTZCHEN

VEGANE PLÄTZCHEN

WEIHNACHTSPLÄTZCHEN

IMPRESSUM

HINTER JEDEM TOLLEN BUCH STECKT EIN STARKES TEAM

Projektleitung: *Birgitt Filatzek*
Redaktion: *Annette Riesenberg*
Rezeptentwicklung und -beratung:
Alexandra Böhme, Hamburg
Nährwertberechnungen: *Nutri Service, Hennef, Angelika Ilies, Langen*
Gestaltungskonzept: *seidldesign.com, Wolfgang Seidl, Stuttgart*
Satz und Titelgestaltung: *Büro 18, Friedberg/Bayern*
Herstellung: *Frank Jansen*
Producing: *Jan Russok*
Druck & Bindung: *optimal media GmbH, Röbel*

Alle Rechte vorbehalten. All rights reserved.
Das Werk darf – auch teilweise – nur mit Genehmigung des Verlags wiedergegeben werden.

UNSER VERLAGSHAUS

Mit Standorten in München, Hamburg und Berlin zählt die Edel Verlagsgruppe zu den größten unabhängigen Buchanbietern Deutschlands. Zur Edel Verlagsgruppe gehört unter anderem ZS mit seinen Lizenzmarken Dr. Oetker Verlag, Kochen & Genießen und Phaidon by ZS.
Die Bücher und E-Books unter der Marke Dr. Oetker Verlag erscheinen als Lizenz in der Edel Verlagsgruppe GmbH
www.oetker-verlag.de
www.facebook.com/Dr.OetkerVerlag
www.instagram.com/Dr.OetkerVerlag

LIEBE LESERINNEN, LIEBE LESER,

seit 130 Jahren gibt es Dr. Oetker Bücher, viele davon sind seit Jahrzehnten im Programm. Mit jedem Buch, mit jeder Aktualisierung eines unserer Klassiker erfinden wir uns neu. Was bleibt, ist immer der Kern unserer Bücher: praktisch müssen sie sein und funktionieren muss alles. Gerne auch mal den einen oder anderen Kniff anbieten, den Sie vielleicht noch nicht kannten. Deshalb kommen Ihnen die Dr. Oetker Bücher so modern und frisch und doch so vertraut vor.
Viel Spaß und viel Erfolg wünschen wir Ihnen auch mit diesem Buch.
Ihre Dr. Oetker Verlagsredaktion

4. Auflage 2022
© 2016 Edel Verlagsgruppe GmbH
Kaiserstraße 14 b
D-80801 München
ISBN: 978-3-7670-1703-0

BILDNACHWEIS

Titelfotos:
Fotostudio Diercks (Thomas Diercks, Kai Boxhammer, Christiane Krüger), Hamburg
Foodfotografie:
Walter Cimbal, Hamburg (S. 9, 55, 59, 67, 120, 126, 147, 150, 153, 163, 165, 183, 184, 185, 205, 213)
Fotostudio Diercks (Thomas Diercks, Kai Boxhammer, Christiane Krüger), Hamburg (S. 16, 17, 25, 28, 34, 39, 43, 45, 46, 48, 51, 53, 61, 68, 78, 82, 85, 88, 91, 92, 95, 102, 112, 117, 118, 123, 124, 135, 137, 143, 146, 154, 159, 161, 162, 168, 172, 175, 178, 180, 188, 195, 197, 202, 206, 208, 209, 211)
Eising-Studio Food Photo & Video, München (S. 26, 58, 71, 74, 100)
Janne Peters, Hamburg (S. 56, 75, 157)
Antje Plewinski, Berlin (S. 111, 129, 149, 181, 203, 212)
Anke Politt, Hamburg (S. 4, 5, 6, 8, 20, 31, 32, 35, 36, 37, 40, 41, 49, 50, 54, 81, 83, 114, 121, 133, 141, 144, 145, 152, 155, 164, 166, 169, 189, 191, 192, 193, 198, 201)
Winkler Studios, Bremen (S. 11, 12, 15, 19, 23, 27, 38, 44, 62, 64, 65, 66, 69, 73, 76, 77, 86, 89, 96, 99, 101, 105, 106, 107, 109, 110, 113, 127, 128, 131, 138, 148, 151, 158, 171, 177, 187, 199, 200, 214)
Melanie Zanin, Düsseldorf (S. 132)